Klaus Brantl   **München leuchtet**

Klaus Brantl   # München leuchtet

Mit einer Einführung
von Michael Schattenhofer

68 Farbaufnahmen

Bruckmann München

2. Auflage 1970

© 1969 by Verlag F. Bruckmann KG, München
Alle Rechte, einschließlich jener der Übersetzung, des Nachdrucks
und der fotomechanischen Wiedergabe, auch in Auszügen, vorbehalten.
Klischees, Satz und Druck: F. Bruckmann KG, Graphische Kunstanstalten München
Verlagsnummer ISBN 3 7654 1344 5. Printed in Germany

Man hat oft schon versucht, den Genius loci dieser Stadt in Schlagworten einzufangen: München als Kunst-, Fremden- oder Bierstadt zu charakterisieren, als Isar-Athen, Millionendorf oder als »Weltstadt mit Herz«, in neuester Zeit auch als Deutschlands heimliche Hauptstadt. Schon um 1600, in der Zeit der Gegenreformation, hatte es den Titel »Deutsches Rom« erhalten. Heinrich Heine, 1829 als Mitarbeiter des großen Verlegers Cotta und in Erwartung einer Professur in München, nannte diese Stadt damals eine Kleingeisterei von der großartigsten Art und ein Dorf, in dem Paläste stehn. Eine kurze, aber folgenreiche Episode war, als man versuchte, aus dem sonst als sehr behäbig geltenden München eine »Hauptstadt der Bewegung« zu machen, wie es sich von 1935 bis 1945 offiziell nennen mußte. – August Bebel, Mitbegründer und jahrzehntelang Führer der deutschen Sozialdemokratie, bezeichnete München dagegen 1903 auf dem Parteitag zu Dresden als Capua der deutschen Politiker, genauer der Sozialdemokraten, mit dem Nachsatz, in München wandle keiner auf die Dauer ungestraft unter Maßkrügen, was auf die undogmatische Haltung der »königlich-bayerischen« Sozialdemokraten unter ihrem Führer Georg von Vollmar gemünzt war. Der große Romanist Karl Vossler fand auf dem Festkommers der Universität 1926 anläßlich ihres hundertjährigen Bestehens in München eine geistreiche Formulierung für das Wesen dieser Stadt: Die Wissenschaft, sagte Vossler, hat zwei Gesichter, ein uraltes mit todbringendem Medusenblick und ein junges voll Leben. Hier in München hat der Jugendblick den Vorrang vor der Meduse, man wird hier leichter zur Anschauung erzogen als zum Begriff. Das intuitive Moment des wissenschaftlichen Gedankens hat hierzulande günstigere Bedingungen als das abstrahierende, weil München die Stadt der Künste ist. Wenn Apoll und die Musen nach Deutschland kommen, so ist ihnen bekanntlich nirgends wohler als hier. Für Wilhelm Hausenstein, der wie kein zweiter kenntnisreich und liebevoll der Stadt ins Innere sah, kennzeichneten Münchens »Stadtpersönlichkeit« der heitere Glanz der Kunst seit Jahrhunderten auf ihrem Antlitz, der dem Natürlichen und Lebendigen mehr als dem Abstrakten hingegebene Sinn, ihre christliche Kultur, ihre Liberalität, das Leben-und-Leben-Lassen trotz einer gewissen Abneigung gegen das störende Fremde, eine gewisse verträumte Verliebtheit in die Vergangenheit und in die guten alten Zeiten und in Verbindung damit eine gewisse Abneigung gegen alles Neue, das dann von der nächsten Generation als das gute Alte gepriesen wird. Man könnte noch viele solcher Blätter aufschlagen im Stammbuch dieser Stadt, wo sich allerdings auch manche geharnischte und giftig-ätzende Epistel findet, wie etwa Oskar Panizzas »Abschied von München« 1897, worin er den Münchnern zurief: »Einer Salzstraße mit Brückenzoll über die Isar verdankt Ihr Eure Entstehung? Nun, attisches Salz habt Ihr damals gewiß nicht gehandelt. Und wenn man Euch betrachtet, muß man jenen recht geben, die sagen, es sei Viehsalz gewesen.« Gottfried Keller, der Schweizer Dichter, der in seinem autobiographischen Roman »Der grüne Heinrich« wohl die schönste dichterische Verklärung Münchens gab, schrieb 1843 auch die bitterbösen Verse über diese Stadt: »Ein liederliches, sittenloses Nest, voll Fanatismus, Grobheit, Kälbertreiber, voll Heiligenbilder, Knödel, Radiweiber.« Doch alle diese Versuche, schlagwortartig und in Aphorismen in das Wesen Münchens einzudringen, bleiben einseitig. München ist, wie jede Persönlichkeit überhaupt, eine Erscheinung sehr komplexer, auch widersprüchlicher Natur, nur aus seinem historischen Werdegang zu erkennen. München ist vor allem das, was seine Geschichte ist, die hier in ganz knappen Zügen aufgezeigt werden soll. Dabei besteht heute nach einer Entwicklung und Wandlung ungeahnten Ausmaßes für München nicht mehr die Gefahr, daß es sein Konto aus der Geschichte überziehen könnte wie vor einem halben Jahrhundert noch, als ihm Christian Morgenstern ins Merkbuch schrieb:

> »Du liebe Mutter- und Vaterstadt,
> dir will ich nichts Hartes sagen,
> doch trinke dich nicht allzu satt
> an alten glänzenden Tagen.«

Die Anfänge Münchens als Siedlung liegen im Dunkel. Der Name »Munichen« (1158), d. h. »bei den Mönchen«, deutet auf kirchlichen Ursprung. Der eigentliche Gründer der Stadt wurde Heinrich der Löwe, Herzog von Bayern und Sachsen, Vetter und Gegenspieler Kaiser Friedrich Barbarossas und diesem ebenbürtig an Reichtum und Macht. Durch die Errichtung einer planmäßigen, ummauerten Marktsiedlung mit einer Münzstätte und einer Zollbrücke über die Isar brachte er München auf seinen geschichtlichen Weg und legte die Grundlage zu seiner künftigen Größe. Voraus ging in gewaltsamem Handstreich die Zerstörung des Marktes und der – im Verlauf der alten Römerstraße Augsburg–Wels – von den Bischöfen von Freising bei Oberföhring errichteten Isarbrücke. Der wegen dieser Gewalttat zwischen Bischof Otto von Freising und Heinrich dem Löwen schwelende Streit wurde von Kaiser Friedrich Barbarossa auf einem Reichstag zu Augsburg geschlichtet: Der Bischof wurde für die Zerstörung seines Marktes und seiner Brücke bei Oberföhring durch einen Drittelanteil an den Markt-, Zoll- und Münzeinkünften des neuen Münchner Marktes Heinrichs des Löwen entschädigt. In der über diesen kaiserlichen Schiedspruch ausgestellten Urkunde vom 14. Juni 1158 wird München zum erstenmal erwähnt; sie gilt daher und auch wegen ihres Inhalts mit vollem Recht als Geburtsurkunde der Stadt.

Die Gründung Münchens als befestigter Markt und Brückenkopf an der Isar durch Heinrich den Löwen zielte auf die Kontrolle des einträglichen Salzhandels auf der Salzstraße von Reichenhall über Wasserburg am Inn, über die Isar und den Lech nach Oberschwaben, wo der welfische Hausbesitz lag und wo Memmingen, eine welfische Gründung wie München, zu einem bedeutenden Salzstapel- und Handelsplatz wurde. Heinrichs des Löwen Vorgehen an der Isar wiederholte sich wenig später am Lech, wo er um 1160 – mit deutlicher Spitze gegen Augsburg – die Burg Landsberg zur Sicherung des Lechübergangs errichtete. Markt und Salzhandel wurden zum Lebensquell der jungen, kaum 15 ha großen Siedlung, deren Umriß sich als eiförmiges, nach Osten abgeflachtes Oval nahezu unverwischt im Stadtgrundriß erhalten hat: Färbergraben, Augustiner-, Schäffler-, die alte Schrammerstraße – die neue wurde nach dem Zweiten Weltkrieg ein Stück nach Norden verschoben – und der Hofgraben kennzeichnen ihren äußeren Verlauf, während nach Osten das einstige Isarufer als mäßig hohe Geländestufe, wie sie am Petersbergl noch heute deutlich erkennbar ist, seine natürliche Grenze bildete. In einer Verlautbarung des Rats aus der Mitte des

14. Jahrhunderts heißt es, München liege auf einem harten Boden, der den Feldbau nicht entlohnt, wodurch mancher ehrbare Bürger schon verdorben sei. Hingelagert auf die karge, eiszeitliche Schotterebene zwischen den Gletschermoränen im Süden und ausgedehnten Mooren im Norden, nannte Gustav Adolf 1632 München einen »Goldenen Sattel auf dürrer Mähre«. Die Schönheit der nahen Berge und Seen kannte man damals noch nicht, erst zu Beginn des 19. Jahrhunderts bekam das Auge dafür ein Organ, entdeckten die Maler Georg Dillis, Wilhelm Kobell, Johann Jakob Dorner d. J., Max Wagenbauer, Simon Warnberger u. a. den Zauber der Münchner Landschaft.

Abseits der großen Fernhandelswege, die von Norden nach Süden Augsburg und von Westen nach Osten Regensburg in sich bündelte, auch in keinem gesegneten Garten gelegen, war es dem neugegründeten München keineswegs an der Wiege prophezeit, daß es dereinst die Städte in seinem Umkreis, die zur Zeit seines ersten Auftritts auf dem Schauplatz der Geschichte schon Jahrhunderte bestanden, weit überflügeln würde: Augsburg, das unter Bischof Ulrich in der Ungarnschlacht auf dem Lechfeld 955 schon abendländisches Schicksal mitentschied, Regensburg, bis tief ins 14. Jahrhundert eine der Metropolen des Reichs mit Königspfalz, Herzogshof und Bischofskathedrale, Salzburg, durch Karl den Großen seit 798 schon Sitz eines Erzbischofs, Passau, wo unter Bischof Pilgrim gegen Ende des 10. Jahrhunderts das Nibelungenlied Gestalt gewann, und Freising mit seinem »mons doctus«, dem Domberg, der im 8. Jahrhundert in Bischof Arbeo den ersten bayerischen Geschichtsschreiber hervorbrachte. Entscheidend wurden die Weichen in eine große glanzvolle Zukunft gestellt, als München im Zuge der Teilung des Landes 1255 in Ober- und Niederbayern eine Hofhaltung der wittelsbachischen Herzöge, der Nachfolger des 1180 mit Reichsacht belegten Heinrich des Löwen im Herzogtum Bayern, erhielt, ein Vorzug, den es zunächst noch mit anderen Orten wie Neuburg a. d. Donau, Donauwörth, Wolfratshausen teilen mußte, bis es unter Ludwig dem Bayern alleinige Residenz im oberbayerischen Teilherzogtum wurde. Von 1255 bis 1918, nahezu sieben Jahrhunderte, residierten und regierten die Wittelsbacher in München, ihre Regentenreihe als Herzöge, Kurfürsten (seit 1623) und Könige (seit 1806) wurde zu einer der großen Schicksalslinien dieser Stadt. Zwei von ihnen, Ludwig der Bayer (1314/28–1347) und Karl Albrecht (1742–1745) trugen als Kaiser die Krone des Heiligen Römischen Reiches. – Der Hof gab der Entwicklung Münchens einen kräftigen Auftrieb. 1271 teilte Bischof Konrad von Freising die Peterspfarrei und erhob die Frauenkirche zur zweiten Pfarrkirche, weil, wie es in der Teilungsurkunde heißt, die Bevölkerung ins »Unermeßliche« gewachsen war und weil der Friedhof um St. Peter für die Toten nicht mehr ausreichte. Schon unter Ludwig dem Strengen (1253–1294) sprengte die Stadt den kaum hundertjährigen Mauerring Heinrichs des Löwen. Unter ihm und seinen Söhnen Rudolf und Ludwig dem Bayern, die bis 1317 gemeinsam regierten, erfolgte eine Erweiterung der Stadt, die in ihrer großzügigen Planung bis heute nicht übertroffen wurde: München dehnte sich um das Sechsfache etwa rings um die »urbs leonina«, die Stadt Heinrichs des Löwen, aus. 1315 war die neue Ringmauer im wesentlichen vollendet, und nach dem Neuhauser, Sendlinger und Schwabinger Tor entstand 1337 das Isartor als letztes der vier Haupttore. Die etwa 275 Tagwerk des neuen Stadtraums, den man nach dem Zeugnis des ältesten, 1613 von dem Salzburger Goldschmied Tobias Volckmer gefertigten Stadtplans mit »5800 Schritten gemeinen Gangs« umschreiten konnte, genügten München für nahezu ein halbes Jahrtausend seiner weiteren Entwicklung. Die gotische Bürgerstadt, wie sie uns Jakob Sandtner in seinem Stadtmodell von 1572 vor ihrer großen Verwandlung noch zeigt, entfaltete sich in der neuen Mauer, der mit der Renaissance aufsteigende fürstliche Absolutismus mit seinen Residenzen, Ballhäusern, Theaterbauten und zahlreichen Adelspalais fand in ihr Raum zu glänzender Repräsentation und ein reicher Kranz von Kirchen und Kapellen, Klöstern, Seelhäusern und Spitälern betonte den kirchlich-monastischen Geist der Stadt.

Die räumliche Entwicklung Münchens wurde unter Ludwig dem Bayern für fast ein halbes Jahrtausend abgeschlossen, und auch die innere Entwicklung, die Entfaltung bürgerlicher Autonomie und des wirtschaftlichen Lebens, erreichte unter diesem Herrscher ihren ersten Höhepunkt. Ein Privilegiensegen wie nie zuvor und auch später nicht ergoß sich auf die Stadt, die dem Kaiser finanziell und militärisch einen starken Rückhalt bot. Es sei hier nur die Goldene Bulle von 1332, die Münchens einzigartige Salzhandelsrechte bestätigte, erwähnt. Es war gewiß auch kein Zufall, daß es unter Ludwig dem Bayern 1340 zur ersten umfassenden Kodifikation des Münchner Stadtrechts kam. In dem weltgeschichtlichen Kampf des Kaisers mit dem Papst in Avignon, in der letzten großen mittelalterlichen Auseinandersetzung zwischen Imperium und Sacerdotium, blieb München dem Kaiser treu ergeben und wurde zur geistigen Arena der antikurialen Kaiserpartei – wobei Ludwig den Bayern auch der päpstliche Bannstrahl traf. Der Franziskaner Wilhelm von Occam, Marsilius von Padua, Verfasser der berühmten Schrift »Defensor pacis«, welche die Volkssouveränität als zentrale Idee vertrat und Johann von Jandun, einst Rektor der Sorbonne in Paris, verfochten damals in München an der Spitze einer Schar Gleichgesinnter – vor allem aus dem Franziskanerorden – ihre kühnen, revolutionären Gedanken. Der Glanz der Kaiserkrone fiel auch auf München: Von 1324 bis 1350 befanden sich die Reichskleinodien, des »richs hayltum« oder »Sanctuarium«, wie es in den städtischen Kammerrechnungen heißt, in München, wohl in der Hofkapelle der Burg, des Alten Hofs, Tag und Nacht betend betreut von vier Zisterziensermönchen des wittelsbachischen Hausklosters Fürstenfeld. Die Farben des kaiserlichen Wappens, Schwarz und Gold, wurden damals die Farben der Stadt, und als stolzen Nachhall dieser Kaiserzeit setzte der Münchner Rat in die Wölbung des neuen großen Rathaussaales 1480 den Reichsadler aus der Hand des Bildschnitzers Erasmus Grasser.

Auf die Zeit Ludwigs des Bayern folgte ein halbes Jahrhundert gärender Unruhe, eingeleitet vom »Schwarzen Tod«, der Pest, den Geißlerfahrten und der Judenverfolgung von 1348/49. Die ersten revolutionären Erschütterungen hatte München schon 1285 mit der Zerstörung des Gettos in der Judengasse, der heutigen Gruftstraße hinter dem Neuen Rathaus, und 1294 mit dem Sturm auf die Münze am Marktplatz neben dem Ding- oder Rechthaus erlebt. Die Bürgerunruhen in der zweiten Hälfte des 14. Jahrhunderts kamen aus der wachsenden Spannung zwischen den Ratsgeschlechtern und den Zünften, die ohne politischen Einfluß waren. Niedergang des Landes und finanzielle Bedrückung durch die Herzöge kamen hinzu. 1397 kam es zum offenen Aufruhr, die Ratsgeschlechter wurden verjagt, ihr Vermögen eingezogen. Der Versuch einer patrizischen Gegenrevolution wurde blutig niedergeschlagen. Bis 1403, 6 Jahre lang, dauerte das Regiment der Handwerker, an deren Spitze abtrünnige junge Patriziersöhne standen, bis es am finanziellen Ruin der Stadt und an der militärischen Überlegenheit der Herzöge zusammenbrach. Die alten Geschlechter kehrten zurück und München behielt über Jahrhunderte hinweg ein gemäßigt patrizisches Stadtregiment. Dieses führte die Stadt im 15. Jahrhundert auf die volle Höhe der Entfaltung seines bürgerlichen Lebens bei einem ausgewogenen Verhältnis zum Stadtherrn. Auf dem Höhepunkt dieser Entwicklung um 1500 beschränkten sich die herzoglichen Rechte an der Stadt auf die Erbhuldigung beim Regierungsantritt eines neuen Herrschers, auf die jährliche Bestätigung und den Treueid des inneren Rats, auf die Stadtsteuer, auf begrenzte Kriegshilfe und auf die Blutbannleihe an den Stadtrichter.

Ohne größere Erschütterungen von außen nahm die Stadt im 15. Jahrhundert einen glückhaften Aufstieg. Wirtschaft und Gewerbe setzten zu ihrer größten Entfaltung vor dem 19. Jahrhundert an, das geistige Leben und die Kunst, noch vorwiegend bürgerlich gestimmt, trieben ihre ersten Blüten. 1478 gründete der Rat zu den beiden schon seit Jahrhunderten bestehenden Lateinschulen bei St. Peter und U. L. Frau eine eigene städtische, die Poetenschule oder »Poeterei«, die man im Wettstreit zu der 1472 in Ingolstadt eröffneten Universität gelegentlich auch »Hohe Schul« nannte. 1482 wurde in München das erste Buch, ein Romführer, gedruckt. Die Münchener Malerschule der Spätgotik, Gabriel Mäleßkircher, Niclas Horverk, genannt Schlesitzer, der Meister der Marientafeln und allen voran Jan Polack schufen bedeutsame Werke, der Bildhauer Erasmus Grasser zählt zu den Großen seiner Zeit. Die Namen der Ratsgeschlechter, die diese Stadtrepublik bauten, die Namen der Astaler, Barth, Dichtl, Freymanner, Kazmair, Ligsalz, Pötschner, Pütrich, Ridler, Rosenbusch, Rudolf, Schluder, Schrenk, Sendlinger, Stupf, um nur die wichtigsten zu nennen: auf allen Blättern unserer Stadtgeschichte stehen sie, aus der gedämpften Farbenglut mittelalterlicher Kirchenfenster leuchten ihre Wappen und Gestalten. Fast jede dieser Familien hatte in der Frauenkirche, in St. Peter oder in der Kirche von Hl. Geist ihren Altar und Meßkaplan. Nicht wenige gründeten auch eigene Seel- oder Beginenhäuser. Eine Geschichte des Münchner Rindermarkts und der an ihn grenzenden Häuser ergäbe nahezu eine Geschichte des Münchner Patriziats. Hier, nicht auf dem Marktplatz, lag sein Schwerpunkt. Auch in alle Schloß- und Dorfgeschichten in weitem Umkreis um München sind diese Geschlechter verwoben. Unter den Äbten und Pröpsten der bayerischen Prälatenklöster und Kollegiatsstifte finden wir ihre Namen, und zwei von ihnen, Konrad Sendlinger und Hans Tulbeck, letzterer aus einer Münchner Goldschmiedfamilie, saßen als Nachfolger des hl. Korbinian auf dem Bischofsstuhl in Freising.

Politischer und kultureller Mittelpunkt der Stadt war bis zum Beginn des 16. Jahrhunderts das Rathaus und die Bürgertrink- oder Geschlechterstube, in der auch die Herzöge und ihre Frauen wie unter ihresgleichen saßen. In der Fastnacht des Jahres 1500 kam König Maximilian, der spätere Kaiser, den man so gern den letzten Ritter nennt, der Bruder der Herzogin Kunigunde, von Augsburg nach München zum Rennen und Stechen und tanzte mit schönen Bürgerstöchtern im großen Saal des Rathauses, das auch als Tanzhaus bezeichnet wurde. Er war der letzte König des Hl. Römischen Reiches, der auf das Münchner Rathaus kam, und die genannte Szene steht gleichsam an der Grenze vom bürgerlichen zum höfischen München. In der Frauenkirche gewann dieses bürgerliche München seinen stolzesten Ausdruck. Keine himmelstürmende, hochgotische Kathedrale, sondern ganz in sich ruhend und breit hingelagert, dabei nicht schwerfällig, nur selbstbewußt kraftvoll, ohne die flackernde Unruhe hochgotischer Baukörper, ganz geschlossen im Umriß, nicht elegant, sondern von einer bäuerlichen Vornehmheit, die Türme mit ihrer schelmisch-heiteren Bedachung gerade so weit hochragend, als es das städtische Selbstbewußtsein erforderte.

Im 16. Jahrhundert begann sich die Szene zu wandeln. Höfisches, adeliges Wesen wurde mehr und mehr richtunggebend in der Stadt und überlagerte Bürgertum und bürgerliche Lebensart. Auch eine neue Kunst, die Renaissance, kam herauf aus Italien, mit welchem seit 1350, seit der Hochzeit einer Tochter Ludwigs des Bayern mit Cangrande della Scala von Verona, rege dynastische Beziehungen bestanden. Für Jahrhunderte wurde die Kunst in München bewußt vom Herrscherhaus gepflegt, wurde sie Repräsentation seiner tatsächlichen oder beanspruchten Macht. Herzog Wilhelm IV. legte kurz vor 1530 schon im Geist der neuen Zeit den ersten Hofgarten in München an, den Rosengarten auf dem heutigen Marstallplatz mit einem

Lustgebäude in der Form eines Achtecks, für das Künstler wie Albrecht Altdorfer, Hans Burgkmair, Jörg Breu d. Ä. und d. J. und Barthel Beham Bilderzyklen mit christlichen und antiken Themen schufen. Altdorfers »Alexanderschlacht« von 1529 war der Höhepunkt dieser Sammlung, bis Kurfürst Maximilian I. 1627 die »Vier Apostel« von Dürer aus Nürnberg erwarb. Nach solchem Vorspiel setzte Albrecht V. (1550–1579) die Renaissance in München voll in Szene, weniger durch Bau- und Kunstschöpfungen als durch einen Hof ganz im Stil der italienischen Principi. Die ersten Museen auf deutschem Boden entstanden damals in München: die Kunstkammer, der älteste noch erhaltene Renaissancebau, die heutige Münze, das Antiquarium für die Antikensammlung und die Hofbibliothek. Mit dem Bau des Georgssaals im Bereich der Neuveste erhielten die Herzöge erstmals einen Festraum vom repräsentativen Rang des großen Rathaussaales. In Italien geschulte Niederländer, Orlando di Lasso, neben Palestrina der gefeiertste Komponist seiner Zeit, Friedrich Sustris, Erbauer von St. Michael, Peter Candid, Hofmaler Wilhelms V. und Maximilians I., Hubert Gerhard, Schöpfer der Madonna auf der Mariensäule und der Bavaria auf der Rotunde des Hofgartens, gaben gegen Ende des 16. Jahrhunderts in München den Ton an unter den Künstlern. Mit dieser niederländisch-italienischen Künstlerkolonie beginnt das breite Einströmen fremder Kunst nach München, beginnt auch die Haßliebe des autochthonen Münchners gegen das Nichtmünchnerische und der vibrierende Unterton einer ständigen Auseinandersetzung zwischen »heimisch« und »fremd« in unserer Kultur- und Kunstentwicklung, beginnt aber auch jene Bezogenheit auf die Welt, jene übernationale Liberalitas Monacensis, die seither ein Signum von Münchens »Stadtpersönlichkeit« geworden sind.

1598 übernahm Herzog Maximilian (1598–1651), eine der größten Gestalten aus der Galerie der Wittelsbacher und einer der bedeutendsten deutschen Fürsten seiner Zeit, die Regierung in München, das durch ihn für ein paar Jahrzehnte neben Rom, Madrid und Wien in die vorderste Linie der katholischen Gegenreformation einrückte. Zur Michaelskirche, dem bedeutendsten Sakralbau der Renaissance auf deutschem Boden, von seinem Vater Wilhelm V. für die 1559 nach München gerufenen Jesuiten erbaut, stellte er eine neue Residenz in den Stadtraum, auf lange weithin der großartigste Schloßbau und ebensoweit entfernt von dem mittelalterlichen Wasserschloß der Neuveste oder vom Alten Hof wie der ausgeprägte fürstliche Absolutismus Maximilians von dem feudal-patriarchalischen Regiment seiner Vorgänger. In die Fassade der Residenz stellte Maximilian die Patrona Bavariae und mitten auf den Marktplatz 1638 die Mariensäule als Dank für die Errettung der Stadt aus Pest- und Kriegsnöten.

Die Residenz war jetzt die Mitte der Stadt und ihr Fürst der alleinige Herr. Der Bürger trat in den Schatten der Residenz, und der große, weite Atem mittelalterlicher Stadtfreiheit verlosch. Die Polypenarme des absolutistischen Staates legten sich um die Bürgergemeinde, und die einst selbstverantwortliche, ins Große gehende Stadtpolitik wich mehr und mehr kleinlichem, engbrüstigem und devotem Untertanengetriebe.

Die Wogen des Dreißigjährigen Krieges erreichten auch die Mauern Münchens. Vom 17. Mai bis zum 7. Juni 1632 lag der Schwedenkönig Gustav Adolf in der Stadt, die sich durch eine Kontribution von 450000 Gulden von der angedrohten Plünderung und Zerstörung hatte loskaufen müssen. Der letzte größere Waffengang dieses Krieges erfolgte am 5. Oktober 1648 bei München durch einen Überfall kaiserlicher und bayerischer Reiterei auf die Schweden zwischen Nymphenburg und Allach, wo Wrangel und Turenne, die in der Gegend jagten, nur knapp der Gefangenschaft entgingen. Schlimmer noch als Krieg und schwedische Besatzung war für München die eingeschleppte Pest von 1634/1635 durch die spanische Soldateska des Kaisers, der an die 7000 Menschen, fast ein Drittel der damaligen Bevölkerung, zum

Opfer fielen. Als 1648 endlich die Friedensglocken von Münster und Osnabrück läuteten, lag die Stadt wirtschaftlich und finanziell am Boden, und vor den Mauern hausten – wie uns glaubhaft überliefert wird – Wölfe und Straßenräuber. Manch blühendes Gewerbe, wie etwa das der Loderer, war an der Wurzel getroffen. Die städtischen Kassen waren geleert, die Stadt durch Zwangsdarlehen an den Landesherrn, durch Kriegskontributionen und Quartierlasten bis zum Bankrott verschuldet.

Am 22. Juni 1652 zog Prinzessin Adelheid von Savoyen, eine Enkelin König Heinrichs IV. von Frankreich und der Maria von Medici, in die bayerische Hauptstadt ein. Es dauerte nicht lange, da setzte diese Kurfürstin als Gemahlin Ferdinand Marias mit einem vollen Akkord die galante, vom Hof Ludwigs XIV. inspirierte Zeit mit Reifrock und Perücke in München in Szene. Drei Generationen lang, unter Ferdinand Maria (1651–1679), Max Emanuel (1679–1726) und Karl Albrecht (1726–1745), war der Münchner Hof einer der prächtigsten Europas. Baron von Pölnitz, der galante Abenteurer, stellte ihn 1730 neben Versailles und verglich ihn mit einer verzauberten Insel. Feste von verschwenderischer Pracht und zauberhaftem Glanz gingen in München über die Bühne, europäisches Plaisir und Abenteuer gaben sich in großem Stil ein Rendezvous. Den höfischen Alltag füllten Opern und Komödien, Kammermusik und Ballette, Ritter- und Turnierspiele, Fastnachtsrennen und Karussells, Schäferspiele und Gondelfahrten, maskierte Akademien und sogenannte Bauernhochzeiten, Schlittenfahrten und die Jagd, Falkenjagden und Sauhatzen, Fuchsprellen und Reiherbeizen, Hirschhatzen und Fasanenschießen, maskierte Faschingsjagden und die beliebten Seejagden am Starnberger See, auf dem seit 1663 das nach venezianischem Vorbild von Francesco Santurini gebaute Prunkschiff »Bucentaurus« schwamm.

Mit der savoyischen Prinzessin kam auch eine neue Kunst über die Alpen. Fünfzehn Jahre nach dem Dreißigjährigen Krieg begann die große Verwandlung unserer Stadt durch die Künste des Barock und Rokoko. Die gotische Bürgerstadt, in ihrem Äußeren noch wenig angetastet, erhielt jetzt ein neues Gewand. Hundert Jahre lang und mit einem Heer von Künstlern, zuerst fremder, dann auch heimischer Herkunft, waren Barock und Rokoko am Werk, ihre neuen Formen und Farben in die Stadt zu zaubern, um zuletzt ihren Höhepunkt in der majestätischen Pracht des Residenztheaters und der Reichen Zimmer François Cuvilliés' zu finden: »Schönstes Rokoko der Welt«, schrieb Jacob Burckhardt.

Kurfürst Ferdinand Maria wagte es nicht, die Hand nach der Kaiserkrone auszustrecken, mit der Frankreich lockte. Max Emanuel spielte um sie mit vollem Einsatz und verlor alles, ohne die Krone zu gewinnen. Im Österreichischen Erbfolgekrieg, im Schatten der Auseinandersetzung Maria Theresias mit Friedrich dem Großen, wurde der bayerische Kaisertraum Wirklichkeit. Aber am Tag der Krönung des Kurfürsten Karl Albrecht zum Kaiser Karl VII. in der Bartholomäuskirche von Frankfurt, am 12. Februar 1742, standen die Wenzelhusaren Maria Theresias vor dem Isartor. Während der Kurfürst landflüchtig und als Schattenkaiser in Frankfurt residierte, lagen in seiner Landeshauptstadt Panduren und Kroaten.

Der bayerische Großmachttraum blieb auf die künstlerische Entfaltung ebenfalls nicht ohne Einfluß: In Nymphenburg wuchs von 1663 an unter den Händen italienischer und einheimischer Künstler eine der großartigsten Schloßanlagen der Zeit, und die Amalienburg im Nymphenburger Schloßgarten von François Cuvilliés wurde zu einem Wallfahrtsort europäischer Kunst. Auch Schloß Schleißheim, um vieles mächtiger geplant als gebaut, wurde Zeugnis und Vermächtnis des europäischen Machtanspruchs Max Emanuels. Und letztlich schenkte Karl Albrecht in den Reichen Zimmern der Residenz (1730–1737 von Cuvilliés) München mehr Glanz, als es die Kaiserkrone damals noch vermocht hätte.

Im Glanze des Hofes sonnte sich der Adel. Aus den adeligen Frondeuren des 15. Jahrhunderts waren Hof-
kavaliere geworden, die ihre Palais in den Stadtraum, möglichst nahe der Residenz stellten. In der Residenz-
und Theatinerstraße, am Promenadeplatz, an der Pranner- und Faulhaberstraße entstanden die Quartiere
des Hofadels, Geschlecht neben Geschlecht, die Preysing, Törring, Pienzenau, Gumppenberg, Tattenbach,
Portia, um nur einige zu nennen. Zuccalli, Cuvilliés, Effner, Gunezrhainer waren die Erbauer ihrer Palais.
Kurfürst Max III. Joseph (1745–1777) quittierte im Frieden von Füssen 1745 die unglückliche Großmacht-
politik seiner Vorgänger und widmete sich unter dem Einfluß der Aufklärung der inneren Reform seines
Landes. Unter ihm wurde 1747 die Nymphenburger Porzellanmanufaktur, 1759 die Bayerische Akademie
der Wissenschaften gegründet. Sein Nachfolger Karl Theodor (1777–1799) verließ nur ungern das heiter
gebaute Mannheim, wie es Goethe nannte, um die Nachfolge der ausgestorbenen bayerischen Wittelsbacher in München anzutreten. Er gewann nie die Neigung seiner neuen Residenzstadt, obwohl ihm München nicht wenig verdankte: Er schuf den Englischen Garten, öffnete den Hofgarten für die Allgemeinheit
und gab Hofbibliothek und Kurfürstliche Gemäldesammlung zur allgemeinen Benützung und Besichti-
gung frei. Auch die ersten Münchner Kunstausstellungen fanden unter ihm in dem von Lespilliez geschaf-
fenen Galeriegebäude am Hofgarten statt. Karl Theodor leitete auch die Niederlegung der Münchner
Stadtbefestigung ein.
Als Hauptstadt eines konfessionell und stammesmäßig einheitlichen Landes, altbayerisch und katholisch,
mit nahen Verbindungen nach dem Süden und Osten, mit wenigen zum nördlichen, protestantischen
Deutschland, jahrhundertelang erfüllt von Musik, Theater und bildender Kunst, weniger mit verstandes-
mäßiger Bildung und literarischen Leistungen, eine fürstliche, eine geistliche, eine bürgerliche Stadt mit
etwa 35 000 Einwohnern, so trat München ins 19. Jahrhundert. Die erste Wandlung unter Max IV. Joseph,
seit 1806 König Max I., war gewaltsam und oft überstürzt. Mitten in den Napoleonischen Kriegen fallen
die alten Mauern der Stadt, werden die Klöster aufgehoben, wird durch den allmächtigen Minister Mont-
gelas der moderne, straff bürokratisch gelenkte bayerische Einheitsstaat aufgebaut, der 1802 die allgemeine
Schulpflicht und wenig später die allgemeine Militärpflicht brachte. München wurde durch die Umwälzun-
gen zu Beginn des 19. Jahrhunderts zur Hauptstadt eines aus verschiedenen Stämmen und Bekenntnissen
gemischten deutschen Mittelstaates. Pfälzer und Rheinländer waren schon unter Karl Theodor in stärkerem
Maße zugewandert, nun folgten – vor allem als Beamte – Franken und Schwaben und – vom König beru-
fen – zahlreiche norddeutsche, meist protestantische Gelehrte: Schelling, Thiersch, Feuerbach, Jacobi.
1801 erhielt der Mannheimer Weinwirt Michl als erster Protestant Bürgerrecht in München; 1818 wurde
München Sitz des Erzbistums München und Freising. In wenigen Jahren hatte sich das Gesicht der Stadt
wesentlich gewandelt. Vor den Toren entstanden die ersten Stadtviertel und Plätze, das Schönfeldviertel,
der Karlsplatz, der Maximiliansplatz und der Karolinenplatz, und die klassische Baukunst hielt mit der
Errichtung des neuen Hof- und Nationaltheaters nach den Plänen Karl von Fischers schon vor König
Ludwig I. ihren Einzug in München. Schon versuchte auch die Industrie in der Stadt Fuß zu fassen, freilich
noch ohne viel Erfolg.
Mit König Ludwig I. (1825–1848) trat München in seine wahrhaft klassische Zeit. München wurde »ein
Kulturgebilde von so runder Vollkommenheit, wie die Deutschen nur wenige erlebt haben«. Eine der
ersten Taten des neuen Königs war die Verlegung der Universität von Landshut nach München, das damit
auch ein wissenschaftliches Zentrum wurde. Die Fundamente seiner einzigartigen, wahrhaft königlichen 12

Kunstpflege legte Ludwig I. schon als Kronprinz, und er blieb der königliche Mäzen, als er freiwillig auf den Thron verzichtete. 1816 wurde die Glyptothek begonnen, und am Tage nach seiner Abdankung, am 21. März 1848, genehmigte er den Plan zu den Propyläen, seiner letzten großen Huldigung an den Geist der Antike. Zwischen dem Bau der Glyptothek und der Propyläen, nur einige hundert Schritte auseinandergelegen, entfaltete sich die große Ludovizianische Kunstära: die Ludwigstraße, eine Via Triumphalis edler und monumentaler Formen und Maße, die Residenzbauten (Allerheiligenhofkirche, Königs- und Festsaalbau), die Alte und die Neue Pinakothek, die altchristliche Basilika von St. Bonifaz als Grablege des Königs und das klassische Forum des Königsplatzes. Klenze und Gärtner, Schwanthaler und Cornelius waren die großen Künstler des Königs. Die berühmten Münchner Künstlerfeste und Künstlergesellschaften nahmen ihren Anfang, die »Zwanglosen«, »Alt-England«, die »Gesellschaft zu den drei Schilden«, aus deren Geist das Germanische Museum zu Nürnberg erwuchs.

Mit Ludwigs I. Sohn, Max II. (1848–1864), kam in München eine andere Zeit zu Wort, weniger ursprünglich, aber auch sie noch stark von der Eigenart des Herrschers bestimmt. Nicht mehr der bildenden Kunst, sondern der Wissenschaft und Dichtung galt ihr erstes Bemühen. Für mehr als ein Jahrzehnt lud Max II. mit Geibel, Heyse, Bodenstedt u. a. die deutsche Literatur nach München zu Gast. Im Dichterkreis des »Krokodils« hielt man gegen den aufkommenden Realismus und Naturalismus die Fahne der Klassik und Romantik hoch. Durch Berufung hervorragender Gelehrter, von denen nur der Chemiker Justus von Liebig genannt sei, gab er der wissenschaftlichen Forschung und Lehre an Akademie und Universität starke Impulse. Das Bemühen dieses Königs, auf synthetischem Wege gleichsam einen neuen Baustil zu schaffen, schlug sich nieder in der nach ihm benannten Prachtstraße, über der das Maximilianeum von Friedrich Bürklein wie eine festliche Gloriette steht.

Unter dem jungen, unglücklichen König Ludwig II. (1864–1886) erfolgte in den sechziger Jahren nochmals ein vielversprechender Ansatz, der Versuch nämlich, nach bildender Kunst und Wissenschaft auch der neuen Musik eine königliche Heimstätte in München zu bereiten. Gottfried Semper, der Erbauer der Opernhäuser von Wien und Dresden, entwarf im Auftrag des Königs die Pläne für ein monumentales Festspielhaus auf der Isarhöhe, das mit einer neuen Prachtstraße als Verlängerung der Brienner Straße vom Hofgarten aus verbunden werden sollte. Es ist bekannt, wie all das nach kurzem Traum zerrann, der einsame König in seine Märchenschlösser im Gebirge, Richard Wagner aber nach Bayreuth ging. Gleichwohl sah München damals die Uraufführungen von »Tristan und Isolde«, der »Meistersinger von Nürnberg«, des »Rheingold« und der »Walküre«. –

Mit 35 000 Einwohnern war München ins 19. Jahrhundert gekommen, 1854 wurde es durch die ersten Eingemeindungen (Au, Haidhausen, Giesing) Großstadt, 1900 erreichte es 500000, 1910 bereits 600000 Einwohner. 1830 entstand aus der Kaufmannsstube des Handelsstandes die Münchner Börse, 1835 wurde die Bayerische Hypotheken- und Wechsel-Bank als erste Münchner Großbank gegründet. Ein neues Großbürgertum stieg auf, die Maffei, Dall'Armi, Eichthal, Pschorr, Sedlmayr, Seidl, Miller, um nur einige zu nennen. Die Eisenbahn, die seit 1839 ihr Netz um München legte, machte die Stadt zu einem Hauptumschlagplatz im süddeutschen Raum und entschied endgültig über die wirtschaftliche Überflügelung Augsburgs, in dessen Schatten München auf wirtschaftlichem Gebiet jahrhundertelang gestanden hatte. Der Aufstieg des Münchner Braugewerbes zu Weltrang vollzog sich, Optik und graphisches Gewerbe, zu deren allgemeiner Entwicklung München durch Fraunhofer, Steinheil, Senefelder, Meisenbach (Autotypie) bedeutende Beiträge leisteten, begründeten ihren bleibenden Ruhm. Zögernd faßte auch die Technik Fuß in München, 1804 baute Reichenbach die erste Dampfmaschine für den Prägestock der Staatlichen Münze, 1841 Maffei die erste Lokomotive. Aus der 1822 gegründeten Polytechnischen Schule ging 1868 die Technische Hochschule hervor. 1854 wurde für die Allgemeine Deutsche Industrieausstellung nach dem Vorbild des Kristallpalastes in London der Glaspalast errichtet (1931 abgebrannt), 1876 fuhr die erste Pferdebahn, 1883 die erste Dampftrambahn und 1895 die erste elektrische Straßenbahn durch München. Das erste Automobil sahen die Bewohner der Stadt 1888 anläßlich der Kraft- und Arbeitsmaschinenausstellung in den Straßen umherfahren. Die Große Elektrizitätsausstellung von 1882 im Glaspalast leitete die Elektrifizierung Münchens im großen Stil ein, 1903 gründete Oskar von Miller das Deutsche Museum, eines der bedeutendsten technischen Museen der Welt. München wurde damals eine wichtige Industriestadt ohne ausgesprochene Fabrikviertel und Mammutbetriebe. Der Mittel- und Kleinbetrieb und eine mittelständische Struktur bestimmten das Gesicht der Münchner Wirtschaft. Behäbige Daseinsfreude und ein breiter, beschaulicher Lebensgenuß nisteten immer in den Mauern dieser Stadt und zügelten den Homo oeconomicus, den nur wirtschaftenden Menschen. Schrankenloses Gewinnstreben galt bislang wenig in München, und der Reichtum trat in solidem Bürgergewand auf die Straße. Der merkantile Geist der Stadt blieb gedämpft, trotz des wirtschaftlichen Aufstiegs und einer verhältnismäßig langen Prosperität.

In der Zeit des Prinzregenten Luitpold (1886–1912), vor der großen Entzauberung durch Krieg und Revolution, erlebten die Künste in München nochmals eine Blütezeit, nicht mehr gelenkt von dem imperatorischen Mäzenatentum eines Ludwigs I., sondern getragen von der Begeisterung einer breiten Öffentlichkeit, von Staat und Stadt, dem neuen Großbürgertum und den Künstlerfürsten der Jahrhundertwende (Lenbach, Stuck, Kaulbach). Trotz der Schatten und des Unbehagens, die diese Zeit wie jede andere kannte und die sich aussprachen in den satirischen Blättern »Simplicissimus« und »Jugend«, in der »Sezession« der Künstler und im Jugendstil, in Michael Georg Conrads Zeitschrift »Gesellschaft« als Wortführerin des literarischen Naturalismus in Deutschland, auch in den gesellschaftskritischen Stücken Ibsens, deren nicht wenige damals in München uraufgeführt worden sind, trotz dieses Unbehagens lag ein später Glanz auf dieser Münchner Zeit. München leuchtete, nicht nur in der literarischen Verklärung Thomas Manns, der 1902 in seiner Novelle »Gladius Dei« schrieb: »Die Kunst blüht, die Kunst ist an der Herrschaft, die Kunst streckt ihr rosenumwundenes Zepter über die Stadt hin und lächelt. Eine allseitige respektvolle Anteilnahme an ihrem Gedeihen, eine allseitige fleißige und hingebungsvolle Übung und Propaganda in ihrem Dienste, ein treuherziger Kultus der Linie, des Schmuckes, der Form, der Sinne, der Schönheit obwaltet. – München leuchtete.«

»Der rauhe Wind der Geschichte hielt vor der Tür« (H. Heimpel), bis 1914 – nach einem Wort des englischen Außenministers Grey – die Lichter ausgingen in Europa. Im Abstand von zwanzig Jahren folgten zwei Weltkriege, der Erste für München mit dem kurzen Nachspiel einer Revolution und Räterepublik, der Zweite mit dem längeren Vorspiel einer »Hauptstadt der Bewegung«. Im Ersten Weltkrieg zerbrach die monarchische Form, die München in den fast 700 Jahren seiner Geschichte als Residenz auf den Leib gewachsen war. Der Zweite Weltkrieg löschte fast die Hälfte seiner Bausubstanz aus und entvölkerte die Stadt. In den Wirbeln dieser apokalyptischen Vernichtung schien München im wesentlichen der Vergangenheit anzugehören. Heute ist es nach einer Entwicklung von atemberaubendem Tempo und Ausmaß größer und volkreicher als je zuvor aus Schutt und Trümmern neu erstanden. Am 15. Dezember 1957 über- 14 schritt seine Bevölkerungszahl die Millionengrenze, um die Mitte des Jahres 1969 wurden 1 300 000 Einwohner erreicht. Täglich zeigen neue Superlative, Zahlen und Statistiken, daß wir noch mitten in dieser Entwicklung stehen und ihren Umfang und ihr Ende nicht abzusehen vermögen. Das vorliegende Buch zeigt, daß München auch in dieser einschneidendsten seiner Wandlungen bemüht ist, seine Stadtpersönlichkeit zu bewahren, jenen vielberufenen Genius loci mit seiner Atmosphäre ohnegleichen, die südlich-sinnenfrohe Heiterkeit, zuzeiten gesteigert zu schelmisch auftrumpfender Lebensfreude, die echte geistige und künstlerische Liberalität, den wohltemperierten Geschäftssinn ohne die geschäftige Betriebsamkeit des Roboters. Es ist zu hoffen, daß die oft bewährte Kraft der Assimilierung des Fremden auch inmitten der neuen Verhältnisse lebendig und schöpferisch bleibt und verhindert, daß München zu einer schablonenhaften Großstadt wird.

1

Olympiaturm

2

Blick vom Petersturm

3
Fischbrunnen
am Marienplatz

4

Viktualienmarkt

5
Rindermarktbrunnen

6

Fasching
am Viktualienmarkt

7
Faschingsfest,
Prinzengarde

Moriskentänzer
von Erasmus Grasser

Blick vom Tal
um Marienplatz

Garten im Hofbräuhaus

11

Hofbräuhaus
mit Festgespann

12
Erker am Alten Hof

13
Glockenspiel
am Neuen Rathaus

14

Altes Rathaus und
Heiliggeistkirche

16
Fronleichnam
am Marienplatz

17
Peterskirche

18
Frauenkirche, Hauptportal

19
Frauentürme

20
Frauenkirche

21
Frauenkirche,
Scharfzandt-Fenster

Asamhaus

23

Asamkirche, Gnadenstuhl

24
Theatinerkirche,
Detail

Löwe vor der Residenz

26
Hofgarten

27
Antiquarium in der Residenz

28
Brunnenhof der Residenz

9
Altes Residenztheater
(Cuvilliés-Theater)

30

Odeonsplatz

31
Hofgartentempel und Theatinerkirche

32
Richard Strauss
bei der Generalprobe zu »Capriccio« (27. 10. 1942)

34
Richard-Strauss-Brunnen

35
Stachus

36
Michaelskirche

37
St. Michael
an der Michaelskicrhe

38
Neptunbrunnen

39
Wittelsbacherbrunnen

40

Schloß Nymphenburg

41

Schloß Nymphenburg,
Deckengemälde
im Steinernen Saal
(Ausschnitt)

Amalienburg

43
Schloßpark
Nymphenburg

44
Schloß Schleißheim,
Gemälde von Amigoni

45
Schloß Schleißheim

47
Alte Pinakothek

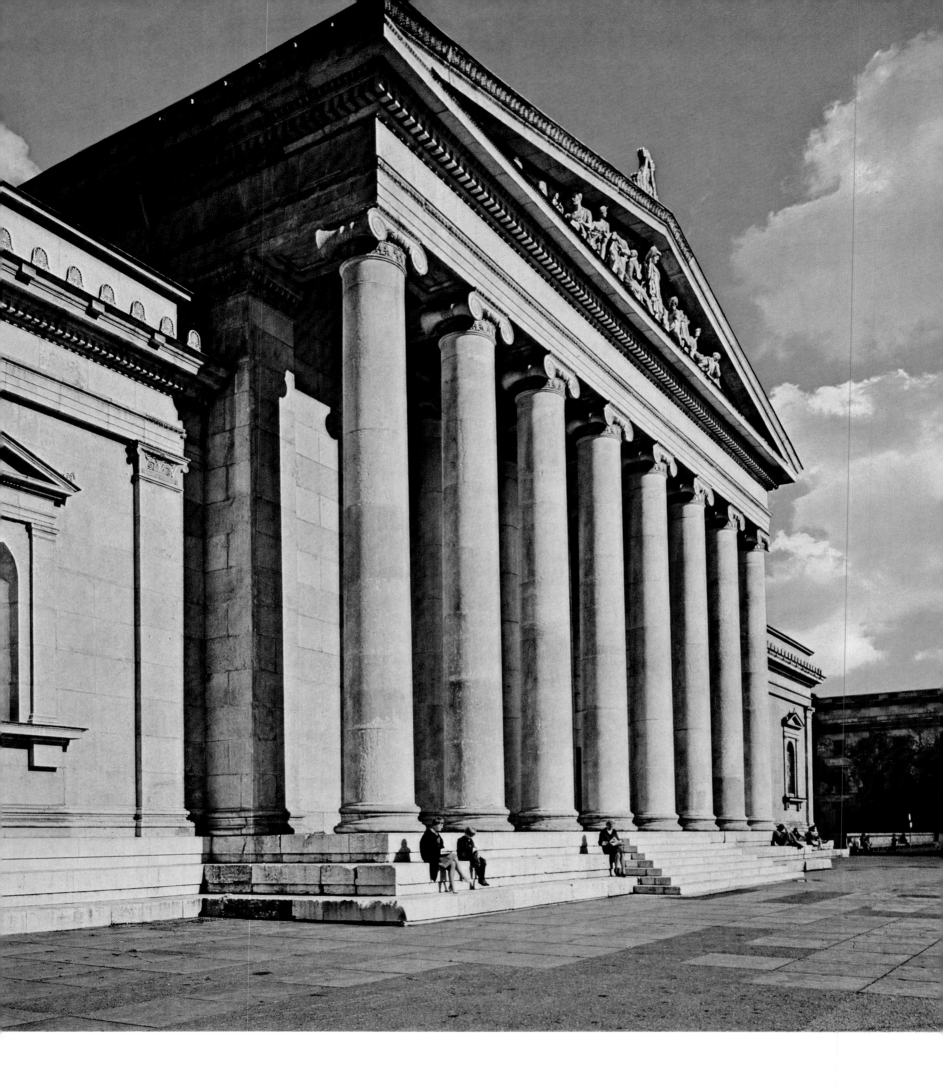

48
Glyptothek

50
Schwabing,
Leopoldstraße

51
Universitätsbrunnen und
Ludwigskirche

Maximilianeum

53
Friedensengel

54
Blick vom Turm
des Deutschen Museums

Atomei in Garching

Cosimapark
in Bogenhausen

57
Dantebad
mit Olympiaturm

Englischer Garten

59
Monopteros
im Englischen Garten

60

Kleinhesseloher See
im Englischen Garten

61

Chinesischer Turm
im Englischen Garten

Botanischer Garten

Tierpark Hellabrunn

64

Oktoberfest, Brezlstand

65
Oktoberfest,
Bierzelt

66

Oktoberfest,
Blick zur Paulskirche

Festgespann

68

Blick auf die Stadt

I
Olympiaturm

Der Olympiaturm wurde geplant und gebaut unter dem Namen »Fernsehturm«. Nach der Entscheidung des Internationalen Olympischen Komitees vom 26. April 1966, München mit der Durchführung der Olympischen Sommerspiele 1972 zu betrauen, wurde das Oberwiesenfeld, Standplatz des Turms, zum Hauptaustragungsort der Wettkämpfe bestimmt und der Fernsehturm in »Olympiaturm« umbenannt.

Grundsteinlegung: 10. August 1965. Eröffnung: 22. Februar 1968. Die Turmhöhe beträgt 290 m. Der in einer Höhe von 147,25 m bis 167,70 m über der Erde angebrachte Postkorb mit einem Durchmesser von 28,3 m enthält in vier Stockwerken Richtfunksende- und -empfangseinrichtungen für Fernsehübertragungen und Fernsprechverbindungen. Darüber befindet sich in einer Höhe von 174,15 m bis 192,60 m über der Erde der Aussichtskorb mit einem Durchmesser von ebenfalls 28,3 m, der in fünf Stockwerken eine freie und eine geschlossene Aussichtsplattform mit Imbißraum sowie ein Drehrestaurant für 230 Besucher enthält.

2
Blick vom Petersturm

Der ursprünglich romanische Kirchenbau, der, mehrmals verändert und vergrößert, in der zweiten Hälfte des 13. Jahrhunderts einem gotischen Neubau weichen mußte, reichte in die Anfänge Münchens zurück. Als 1607 ein Blitz die beiden Helme der Turmbedachung zerstörte, erhielt der Turm seine heutige charakteristische Spätrenaissancegestalt, mit der sich im Laufe der Zeit die vertraute Bezeichnung »Alter Peter« verband. – Neben der Frauenkirche ist der Petersturm ein weltbekanntes Wahrzeichen der Stadt. 1951 war der Wiederaufbau des im Zweiten Weltkrieg teilweise zerstörten Turmes beendet. Er ist einer der meistbesuchten Aussichtspunkte Münchens. Tritt man nach dem Aufstieg aus der Türmerstube ins Freie, hat man einen der schönsten Blicke auf die Stadt, die Frauentürme und das Neue Rathaus.

3
Fischbrunnen am Marienplatz

Der Fischbrunnen hat seinen Namen vom Fischmarkt, der von frühester Zeit an bis zu seiner Verlegung im Jahre 1831 auf den heutigen Viktualienmarkt um diesen herum stattfand. Im Laufe der Jahrhunderte hat er sein Aussehen mehrmals geändert. Nach seiner weitgehenden Zerstörung im Zweiten Weltkrieg wurde er von der Stadt München mit Unterstützung der Metzgerinnung neu errichtet und am 11. Juli 1954 in seiner heutigen Gestalt enthüllt. Die Gesamtgestaltung lag in den Händen des Bildhauers Josef Henselmann. In einem achteckigen Brunnenbecken aus Muschelkalk steht eine gedrungene Säule aus dem gleichen Stein, die ein großer, von dem Bildhauer Otto Kallenbach entworfener Bronzekarpfen als Symbol für den Namen des Brunnens krönt. Drei in zottelige Felle gekleidete Metzgergesellen aus Bronze sitzen um die Brunnensäule herum und gießen aus Kübeln Wasser in den Brunnen. Sie stammen von dem Bildhauer Konrad Knoll und erinnern an einen abgekommenen alten Münchner Zunftbrauch, den Metzgersprung.

4
Viktualienmarkt

Der Viktualienmarkt ist einer der Plätze Münchens, wo das Herz dieser Stadt noch vernehmbar schlägt und wo man manchen Münchner Wesenszug noch unverfälscht entdecken kann. Dies kommt auch zum Ausdruck in den lebensnah und unaufdringlich heiter gestalteten kleinen Brunnendenkmälern, die man inmitten dieses Marktes nach dem Zweiten Weltkrieg den bekannten Volksschauspielern und Volkssängern Karl Valentin, Liesl Karlstadt und Weiß-Ferdl als Bürgern und Schutzgeistern echter Münchner Art gesetzt hat. Der Viktualienmarkt mit seinem bunten, reichen Warenangebot und den verschiedenen Abteilungen, von dem einstigen Bauernmarkt am Schrannenpavillon, in dem sich die Freibank befindet, bis zu den Metzgerläden auf dem Petersbergl, von dem sogenannten »Grünen Markt« an der Frauenstraße, dem Fischmarkt an der Westenriederstraße bis zum Waldmarkt gegenüber dem Rosental, ist ein bevorzugter Kaufplatz und eine Sehenswürdigkeit der Stadt.

5
Rindermarktbrunnen

Stimmungsvolle Brunnenanlage nach dem Entwurf des Bildhauers Josef Henselmann auf einer Geländestufe an der Südseite des Rindermarkts, bestehend aus einer in Stein gehauenen Rindergruppe auf einer unregelmäßig geformten Terrasse, über die das Wasser in ein tiefer gelegenes großes Brunnenbecken fließt. Die Rindergruppe und der abseits auf der Brunneneinfassung sitzende Hirte sind aus dunkelgrünem Labrador-Moskart, einem sehr harten, schweren Gestein aus Uruguay; Terrasse und Einfassung des Brunnens bestehen aus Tessiner Maggia-Granit. Der Rindermarktbrunnen, eine Stiftung des rheinischen Industriellen Dr. Günter Henle an die Stadt München, wurde am 16. Juli 1964 enthüllt. Er hält neben dem Namen des Rindermarkts, der bereits 1242 als »forum peccorum« erwähnt wird, in einer recht liebenswürdig-eindringlichen Form die Erinnerung daran lebendig, daß hier vor Jahrhunderten einmal die Münchner Viehmärkte abgehalten wurden.

6
Fasching am Viktualienmarkt

Zweimal jährlich ist der Viktualienmarkt der besondere Schauplatz des Faschings: bei der Proklamation des Prinzenpaares zu Beginn der närrischen Zeit und an seinem Ende, in den Vormittagsstunden des Faschingsdienstags beim traditionellen Tanz der Marktfrauen, wo sich zwischen Eierkisten und Schmalzeimern, zwischen Käslaiben und Obstkisten ein derbes buntes Treiben von Bruegelscher Prägung entfaltet. – Der Tanz der Marktfrauen ist neben dem nur alle sieben Jahre stattfindenden Schäfflertanz einer der letzten noch fest mit dem Fasching verbundenen Bräuche. Wie sehr der Fasching in früherer Zeit die ganze Stadt in ihren Bann zog, erfuhr der Päpstliche Nuntius Delfino Zaccaria am Hofe Kaiser Maximilians II., als er 1553 zu Verhandlungen nach München kam. Er sah sich gezwungen, seine Geschäfte bis zum Ende des Faschings aufzuschieben und sich selbst in den »Carneval« zu stürzen.

7
Faschingsfest, Prinzengarde

Faschingsfest im Bayerischen Hof, einer der traditionellen »Hochburgen« des Münchner Faschings, mit der zum Paradeexerzieren angetretenen Prinzengarde. 1893 wurde die Münchner Carnevalsgesellschaft, die Vorgängerin der »Narrhalla«, gegründet und 1894 der erste Münchner Faschingsprinz von ihr gekürt. Seit 1928 wurde die Wahl eines Faschingsprinzenpaares zur festen Tradition. Ein eigener Hofstaat mit Hofmarschall, Elferrat, Hofdamen und Prinzengarde umgibt den Thron »Ihrer närrischen Tollitäten«, die im Fasching die Stadt regieren, was in der symbolischen Übergabe der Stadtschlüssel alljährlich zum Ausdruck kommt. Bis in das 14. Jahrhundert läßt sich der Münchner Fasching zurückverfolgen. Geblieben ist über die Jahrhunderte hinweg die große Faschingsfreude, die in immer neuen Formen Ausdruck sucht und in einer aufrauschenden Woge alljährlich über die Stadt hinweggeht.

8
Moriskentänzer von Erasmus Grasser

Erasmus Grasser, ein Bildschnitzer und Bildhauer aus dem oberpfälzischen Schmidmühlen, der 1475 in München auftauchte – neben dem Maler Jan Polack die stärkste Künstlerpersönlichkeit dieser ersten großen, noch vorwiegend bürgerlich gestimmten Kunstepoche Münchens –, schuf im Auftrag des Rats für den Großen Saal des heutigen Alten Rathauses, das 1470–1480 errichtet wurde, »16 pilden maruscka tanntz«, sechzehn Figuren eines Maruskatanzes. Ein Feuerwerk grotesker tänzerischer Bewegung entzündete Grassers Schnitzmesser in seinen Maruskatänzern, wie sie eigentlich heißen müßten. In festumrissener, für seine Zeit sicher wohlverständlicher Thematik gestaltete Grasser seine Figuren: Gestalten eines weitverbreiteten zeitgenössischen Tanzspiels um die Gunst einer schönen Frau. Morisken hießen die christianisierten Nachfahren spanischer Mauren. Von ihnen ist dieses Tanzspiel wohl ausgegangen.

9
Blick vom Tal zum Marienplatz

Dieser Blick vom Tal her umschließt in einem Kronzeugen und Zentrum des bürgerlichen Münchens: Frauenkirche, Altes und Neues Rathaus. Neben der höfisch-fürstlichen Welt schlug von Anfang an das Herz dieser Stadt am Marienplatz, benannt nach der von Kurfürst Maximilian errichteten Mariensäule. In der zweiten Hälfte des 15. Jahrhunderts, auf dem Höhepunkt der bürgerlichen Entwicklung der Stadt, ließ die noch keine 15 000 Seelen umfassende Bürgergemeinde gleichzeitig die Frauenkirche und das heutige Alte Rathaus – als bleibende Zeugen dieser großen Bürgerzeit – durch den Baumeister Jörg von Polling erbauen. Als in der zweiten Hälfte des 19. Jahrhunderts das Bürgertum, nachdem es mehr als zwei Jahrhunderte im Schatten der Residenz gestanden hatte, wieder politisches Selbstbewußtsein und wirtschaftliche Geltung erlangte, erbaute es sich von 1867 bis 1908 durch den jungen Grazer Architekten Georg Hauberrisser nach Brüsseler Vorbild das Neue Rathaus mit dem mächtigen Turm.

An warmen Tagen füllen sich die beliebten Münchner Bierkeller – erst neuerdings spricht man von Biergärten –, in denen unter schattigen Bäumen zu einer richtigen Münchner Brotzeit die frische »Maß« am besten schmeckt. Der Garten im Hofbräuhaus am Platzl entstand aus einer Art Stehausschank im Hof des alten Hofbrauhauses, wo die zahlreichen dort abgestellten Fässer als Tische für die Maßkrüge dienten, die sich die Gäste selbst an der Schänke füllen ließen. Aus diesem recht zwanglosen und malerischen Stehausschank ist heute ein richtiger Gartenbetrieb unter Kastanienbäumen geworden, die sich um einen Löwenbrunnen gruppieren.

10
Garten im Hofbräuhaus

Pferdebespannte Bierfuhrwerke sind im München von heute zu seltenen, kostspieligen und vielbewunderten Schaustücken der Münchner Brauereien geworden und fast nur noch als reichgeschmückte Viererzüge zur Zeit des Oktoberfestes zu sehen. – Das Hofbräuhaus wurde 1589, in einer Zeit, in der das Bier seinen Siegeszug über den Wein in München antrat, durch Herzog Wilhelm V. gegründet. 1808 verlegte man die im Alten Hof sehr beengte Braunbierbrauerei in die Braustätte am Platzl. Die Geschichte des Hofbräuhauses am Platzl als Gaststätte begann erst 1828, als der Bierausschank im kleinen am Ort der Braustätte selbst gestattet wurde. 1894–1896 wurde der gesamte Brauereibetrieb des damals Kgl. Hofbräuhauses in die Innere Wiener Straße verlegt. Das nach Plänen von Max Littmann 1896/97 in einem Mischstil von Gotik und Neurenaissance errichtete »Hofbräuhaus« am Platzl wurde von da an nur mehr als Großausschank und Großgaststätte betrieben und rückte zu einer der Hauptattraktionen des Münchner Fremdenverkehrs auf.

11
Hofbräuhaus mit Festgespann

12
Erker im Alten Hof

Das Erkertürmchen wird, einer alten Sage zufolge, wonach ein Affe Kaiser Ludwig den Bayern als Kind aus der Wiege entführt und auf dieses Türmchen gebracht habe, auch als »Affenturm« bezeichnet. Der Alte Hof, die ursprüngliche Residenz der Wittelsbacher in München, entstand um 1255 an der Nordostecke der welfischen Stadt und führte zuerst die Bezeichnung Burg (Burgstraße) oder Veste. Als »castrum«, Burg, wird er 1319 auch erstmals urkundlich genannt. Als sich die Wittelsbacher 1385 an der Nordwestecke des heutigen Marstallplatzes ein neues Wasserschloß, die Neuveste, als Ausgangspunkt der großen späteren Residenz errichteten, wurde er zur Alten Veste, Alten Burg, zum Alten Schloß und schließlich – um die Mitte des 16. Jahrhunderts – zum Alten Hof. Die ältesten erhaltenen Bauteile des Alten Hofs, der Zwinger und der Burgstock mit dem abgebildeten Erkertürmchen, gehen in die zweite Hälfte des 15. Jahrhunderts zurück.

13
Glockenspiel am Neuen Rathaus

Blick in den oberen Teil des Spielwerkserkers des Glockenspiels am Turm des Neuen Rathauses mit einem kaiserlichen Bannerträger und dem weiß-blauen Turnierritter. – Das Glockenspiel zählt zu den volkstümlichsten Wahrzeichen Münchens und lockt vor allem in der Zeit des Fremdenverkehrs viele Menschen täglich um 11 Uhr auf den Marienplatz. Es wurde 1908/09 nach Fertigstellung des Neuen Rathauses angebracht, besitzt ein elektromechanisches Spielwerk und besteht aus dem eigentlichen Glockenspiel unmittelbar unter dem Turmhelm und aus dem Spielwerkserker mit zwei Schauszenen: einem Reiterturnier zum Andenken an die großen Turniere, die anläßlich der Hochzeit Herzog Wilhelms V. mit Renata von Lothringen 1568 auf dem Marienplatz stattfanden, und dem Schäfflertanz, einem alten Münchner Handwerksbrauch, der früher alle sieben Jahre während des Faschings stattfand.

14
Altes Rathaus und Heiliggeistkirche

Das Alte Rathaus wurde anstelle eines älteren, schon um 1310 erwähnten Ratsgebäudes 1470–1480 von dem Baumeister der Frauenkirche, Jörg von Polling, genannt Ganghofer, errichtet. Das Glanzstück des Neubaues wurde der große, von einer eindrucksvollen Holztonnendecke überspannte Saal, Versammlungsraum der Bürgerschaft und Tanzsaal. – Nach dem großen Stadtbrand von 1327, dem nahezu ein Drittel des damaligen Münchens zum Opfer fiel, ging man an den Bau einer großen, dem Hl. Geist geweihten Spitalkirche. Gegen 1392 wurde sie vollendet. 1724–1731 wurde die Heiliggeistkirche unter Mitwirkung der Brüder Asam barockisiert und erhielt anstelle ihres bisherigen Dachreiters den heutigen Ostturm. 1885/86 hat man sie um drei Joche nach Westen verlängert und mit der imposanten, von Friedrich Löwel entworfenen Fassade im Stil des Neubarocks ausgestattet.

15
Isartor

Das Isartor, früher auch als Taltor bezeichnet, wurde nach Abschluß der Stadterweiterung gegen die Isar zu als letztes der vier großen Stadttore in der Stadtbefestigung Kaiser Ludwigs des Bayern (1314–1347), nach dem Sendlinger, Neuhauser und Schwabinger Tor, 1337 fertiggestellt. Das Isartor ist das einzige in seiner Grundform erhaltene Stadttor. Seine heutige Gestalt erhielt das Isartor durch eine im Auftrag und auf Kosten König Ludwigs I. von Friedrich von Gärtner 1833–1835 durchgeführte grundlegende Renovierung. Den Hauptschmuck bildet ein al fresco ausgeführtes, 2 m hohes, 20 m langes, über die ganze Stirnwand der Tormauer sich erstreckendes Historienbild des Malers Bernhard Neher mit der Darstellung des Einzugs Kaiser Ludwigs des Bayern nach der Schlacht bei Mühldorf (1322) gegen Friedrich den Schönen von Österreich.

16
Fronleichnam am Marienplatz

Seit über sechshundert Jahren zieht in München am Fronleichnamsfest, das 1246 von Papst Urban IV. eingeführt wurde, eine Prozession zur Verehrung des Leibes Christi durch die Stadt. Als »processio corporis Christi« wird sie 1343 erstmals erwähnt und später meist »Umgang« (circuitus civitatis), gelegentlich »Antlaßprozession«, zur Zeit ihrer größten Entfaltung um 1600 auch »Pompa Eucharistica«, Triumphgeleit zu Ehren der hl. Eucharistie, genannt. Große Künstler, Orlando di Lasso, Hubert Gerhard, Hans Mielich, Christoph Schwarz, beteiligten sich in jener Zeit an der Ausstattung der Prozession.

Die Mariensäule, die in der Mitte des Bildes zu sehen ist, errichtete Kurfürst Maximilian I. im Jahre 1638 zum Dank für die Errettung der Stadt aus Kriegsnot und Pest. Die Marienfigur auf der Säule ist ein Werk des aus den Niederlanden stammenden Bildhauers Hubert Gerhard.

17
Peterskirche

Blick durch das Mittelschiff auf den lichtüberfluteten Hochaltar, der nach seiner Zerstörung im Zweiten Weltkrieg von dem Architekten Erwin Schleich aus den geborgenen Resten und nach Abbildungen in seiner ursprünglichen Gestalt rekonstruiert wurde und am 27. Juni 1954 wieder geweiht werden konnte. Dieser prachtvolle Hochaltar, eine der ersten großen Dekorationsschöpfungen des Münchner Rokoko, wurde 1730–1733 geschaffen, nach dem Plan des Hofmalers Nikolaus Gottfried Stuber (1688–1749), der sich auch als Theatermaler betätigte, was in der bühnenartigen Gestaltung dieses Altars deutlich zum Ausdruck kommt. Die Hauptfigur des Altars, der Kirchenpatron St. Petrus im Papstornat, ist ein Werk des spätgotischen Bildhauers Erasmus Grasser, die Statuen der vier Kirchenlehrer, Augustinus, Ambrosius, Hieronymus und Gregor der Große, die um den hl. Petrus postiert sind, sind Werke von Egid Quirin Asam. St. Peter ist die erste und älteste Pfarrkirche der Stadt.

18
Frauenkirche, Hauptportal

Hauptportal der Frauenkirche mit den spätgotischen Sandstein-figuren der Mutter Gottes und des Schmerzensmannes unter kleinen Baldachinen. Rechts vom Portal ein Steinrelief mit der Ölbergs-szene. Die Türen mit ihren feinen Reliefschnitzereien und dem schönen Immaculata-Medaillon sind Werke des berühmten Bild-hauers Ignaz Günther (* 22. November 1725, † 26. Juni 1775) aus dem Jahre 1772. – Die Frauenkirche, eine spätgotische Hallenkirche von gewaltigen Ausmaßen, wurde 1468–1488 erbaut und nach Vollendung der Innenausstattung am 14. April 1494 endgültig geweiht. Baumeister war Jörg von Halsbach – so nennt ihn sein Grabstein in der Kirche –, auch Jörg von Polling und seit dem 18. Jahrhundert Jörg Ganghofer genannt. Durch das Konkordat von 1817 wurde München Sitz des neuen Erzbistums München-Freising und die Frauenkirche zur Erzbischöflichen Kathedrale, zum Dom. Anselm Freiherr von Gebsattel zog 1821 als erster Erz-bischof in die Kirche ein.

19
Frauentürme

Die beiden fest in die Kirchenfassade eingebundenen mächtigen Türme sind bis zur Firsthöhe des Kirchendaches quadratisch und fensterlos emporgeführt und durch schlichte Wasserschläge und Maßwerkfriese in fünf Geschosse mit Ecklisenen geteilt. Es folgen zwei achteckige Obergeschosse mit vier Strebepfeilern (am Nord-turm einfacher gestaltet als am Südturm), vier Fenstern und einer Mauerkrone mit der charakteristischen Turmbedachung, den »welschen Hauben«, die den Türmen erst 1525, nahezu 30 Jahre nach Vollendung des gotischen Kirchenbaues, aufgesetzt wurden: die ersten architektonischen Auswirkungen der Renaissance auf Münchner Boden. Die Durchmesser der Kuppeln betragen rund 13 m. Acht Glocken befinden sich in den beiden Glockenstuben der Türme; die größte ist die Salve-Glocke aus dem Jahre 1490. Der Südturm ist seit 1954 mit einem Aufzug versehen. Die Höhe des Nordturms beträgt 98,75 m, die des Südturms 98,66 m. – Schon beginnen die Turmhauben wieder in grüner Patina zu leuch-ten, und trotz der seit Ende des Zweiten Weltkriegs neu in die Stadtsilhouette hineinwachsenden Hochhäuser und Heizkraft-werke, auch trotz des 290 m hohen Olympiaturms behaupten sich die Frauentürme in ihrer kraftvoll unverwechselbaren Individuali-tät als die in aller Welt bekannten Wahrzeichen Münchens.

20
Frauenkirche

Blick durch das südliche Seitenschiff der Frauenkirche auf das
»Speculumfenster« (15. Jahrhundert) über dem Sakramentsaltar
im Chor. Zwischen den eingezogenen Strebepfeilern rechts sind
Teile von Seitenkapellen sichtbar. Rechts im Vordergrund einer
der vier bronzenen Grabwächter und Bannerträger vom Mauso-
leum Kaiser Ludwigs des Bayern, das Herzog Maximilian I. 1622
durch den Bildhauer Hans Krumper aus Weilheim seinem großen
Ahnherrn in der Frauenkirche errichten ließ. Es stand von 1622 bis
1859 im Chor der Kirche und hat jetzt nach mancherlei Versetzun-
gen seine Aufstellung vor der Kapelle des Südturms gefunden.
Das von der Kaiserkrone, allegorischen Figuren, Wappen und
Bronzeleuchtern kunstvoll geschmückte »Castrum doloris« erhebt
sich über einer prachtvollen gotischen Grabplatte aus Rotmarmor,
die Herzog Albrecht IV. um 1480 für ein Hochgrab Kaiser Ludwigs des Bayern und späterer wittelsbachischer Herzöge im Chor
der Frauenkirche herstellen ließ.

21
Frauenkirche, Scharfzandtfenster

Scharfzandtfenster im Chorabschluß der Frauenkirche hinter dem
Hochaltar, benannt nach den Stiftern Wilhelm Scharfzandt und
Gemahlin, geborene Stupf, Angehörige bekannter Münchner
Ratsfamilien. Die Stifter sind mit ihren Wappen und Schutzpatro-
nen auf dem unteren, hier nicht mehr sichtbaren Teil des Fensters
abgebildet. – Das Scharfzandtfenster gilt als das bedeutendste Werk
der Glasmalerei in der Frauenkirche, noch vor dem »Speculumfenster« (15. Jahrhundert) und dem »Herzogenfenster« (1486),
zwischen denen es steht. Es ist eine Schöpfung des Straßburger
Glasmalers Peter Hemmel von Andlau aus den Jahren 1488–1497,
eines der größten Künstler auf diesem Gebiet im 15. Jahrhundert.
Dargestellt sind auf dem Fenster in einzelnen Zonen von oben nach
unten Verkündigung, Geburt und Darstellung Christi im Tempel.
Wappen und Helmzier der Scharfzandt sind ganz oben an der
Spitze des Fensters unter dem Maßwerk nochmals zu sehen.

22
Asamhaus

Das Bild zeigt einen Ausschnitt aus der mit einer reichen figürlichen und ornamentalen Schmuckdekoration überzogenen Fassade vom Wohnhaus des großen bayerischen Bildhauers und Stukkateurs Egid Quirin Asam an der Sendlinger Straße, neben der von ihm und seinem Bruder Cosmas Damian, dem Maler-Architekten, gestifteten und erbauten Johann-von-Nepomuk-Kirche. – Über dem Fenster neben dem Erker allegorische Darstellungen der mathematisch-technischen Wissenschaften, links unten die Göttin Pallas Athene, einen heiteren Knaben führend, den sie mit Hinweis auf die darüber abgebildete Sonnenuhr lehrt, die Stunden zu nützen, während sein Gefährte, eine Weintraube in der linken Hand, träge die Zeit verschläft. Rechts unten sieht man eine der beiden nahezu vollplastischen Figuren, die den Erkeransatz umrahmen, eine Mädchengestalt mit Lorbeer und Füllhorn als Personifikation der Dichtkunst.

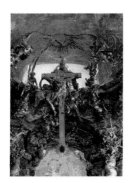

23
Asamkirche, Gnadenstuhl

Darstellung der Hl. Dreifaltigkeit in Form des Gnadenstuhls als Altarbekrönung in der von den Brüdern Cosmas Damian und Egid Quirin Asam 1733–1746 erbauten St.-Johann-Nepomuk-Kirche an der Sendlinger Straße. Gottvater hält den gekreuzigten Heiland auf dem Schoße vor sich und zeigt ihn schmerzerfüllt dem gläubigen Volk, über dem gekrönten Haupte Gottvaters der Hl. Geist in Gestalt einer Taube. Diese, von einer rauschenden Girlande von Engeln umgebene, wie frei unter dem Chorgewölbe schwebende plastische Gruppe ist ein Meisterwerk Egid Quirin Asams. Die Asamkirche ist eine der größten Kunstschöpfungen unserer Stadt, der aufrauschende Hymnus einer ganz in Bewegung geratenen Architektur, ein unauflösliches Ineinander von Formen, Farbe, Licht und Bewegung, ein Unisono der Künste, ein himmlisches Theatrum, gewachsen aus höchster künstlerischer Meisterschaft und tiefer religiöser Devotion.

24
Theatinerkirche, Detail

Die mächtige, majestätische Würde ausstrahlende Kuppelrotunde der Theatinerkirche flankierte Hofbaumeister Enrico Zuccalli mit zwei imposanten Türmen, die mit ihren reich gestuften und verkröpften Gesimsen, ihren einzigartigen Voluten an den Glockenstuben und mit der Patina ihrer Rippenhelme einen festlichen und zugleich heiter-bewegten architektonischen Zusammenklang ergeben und die neuaufbrechende Kraft barocken Bauens auf Münchner Boden eindringlich vor Augen führten. Die Helmstangen an den Türmen zeigen die Monogramme des kurfürstlichen Stifterpaares der Kirche, Adelheids und Ferdinand Marias. – François Cuvilliés d. Ä., der 1765–1768 die Fassade der Theatinerkirche gestaltete, setzte in das durchbrochene Giebeldreieck eine prachtvolle vollplastische Wappenkartusche, die nach seinem Entwurf von dem Bildhauer Roman Anton Boos gefertigt wurde. Die Kartusche enthält das bayerische und das kursächsische Wappen.

25
Löwe vor der Residenz

Links im Mittelgrund Seitenansicht der Feldherrnhalle, 1841–1844 als südlicher Abschluß der Ludwigstraße anstelle des alten Gasthofs »Zum Bauerngirgl« von König Ludwig I. durch Friedrich von Gärtner nach dem Vorbild der Loggia dei Lanzi in Florenz erbaut. Rechts einer der vier Portallöwen der von zwei mächtigen Marmorportalen gegliederten Westfassade der von Herzog Maximilian I., dem späteren Kurfürsten, 1611–1619 erbauten Residenz. Jedes der beiden Tore wird flankiert von zwei Bronzelöwen auf Steinsockeln, den Wappentieren des Hauses Wittelsbach. Diese vier Löwen, Werke des Bildhauers Hubert Gerhard, waren ursprünglich für eine monumentale Grablege Herzog Wilhelms V. in der Michaelskirche bestimmt, die jedoch Stückwerk blieb. Die allegorischen Reliefs mit den Inschriften auf den Schilden der Löwen sind spätere Zutaten von Hans Krumper.

26
Hofgarten

Der Hofgarten wurde gleichzeitig mit dem Residenzneubau 1613 bis 1617 von dem Herzog und späteren Kurfürsten Maximilian I. im Gartenstil der Renaissance, streng geometrisch um einen Rundtempel geordnet, angelegt. Der herzogliche Baumeister Heinrich Schön d. Ä. lieferte 1613 ein Modell zu diesem Garten. Nach einigen zeitbedingten Stilwandlungen brachte die nach dem Zweiten Weltkrieg notwendig gewordene Erneuerung wieder eine Annäherung an seine ursprüngliche Form. Ein lockerer Gürtel von Lindenbäumen rahmt das durch vier Schalenbrunnen akzentuiert symmetrisch um die Tempelrotunde geordnete innere Gartenparterre. Den mit vier Muschelbrunnen ausgestatteten Gartentempel krönt die Bronzefigur einer Bavaria mit den Symbolen für die besonderen Schätze des bayerischen Landes, einem Salzfaß, Wasserfaß, Hirschfell und einem Ährenkranz. Diese Bavaria ist ein Werk des Bildhauers Hubert Gerhard aus der Zeit um 1594.

27
Antiquarium in der Residenz

Das Antiquarium wurde 1569–1571 unter Herzog Albrecht V. (1550–1579) durch den Hofbaumeister Wilhelm Egkl nach Plänen des Architekten, Malers und Kunstsammlers Jacopo Strada aus Mantua zur Aufnahme der herzoglichen Antikensammlung und Bibliothek geschaffen und 1586–1600 von Friedrich Sustris durch Tieferlegung des Fußbodens und Bemalung des Gewölbes und der Fensterleibungen in einen prunkvollen Festsaal von feierlichem Ernst umgestaltet. Es gilt als der bedeutendste und größte Profanraum der Renaissance auf deutschem Boden. Ein wuchtiges Tonnengewölbe, in das zu beiden Seiten 17 Stichkappen für Fenster einschneiden, deckt die langgestreckte, mäßig hohe Halle. An den beiden durch Wandpfeiler gegliederten Längsseiten ist die Sammlung antiker Büsten untergebracht, die Herzog Albrecht V. mit der ausgeprägten Sammelleidenschaft eines Renaissancefürsten meist durch eigene Kunstagenten in Italien zusammenkaufte.

28
Brunnenhof der Residenz

Seinen Namen hat dieser Residenzhof von dem prunkvollen, figurenreichen Monumentalbrunnen, Wittelsbacher- oder Ottobrunnen genannt. Neben dem Perseusbrunnen im Grottenhof der Residenz ist er der älteste in seiner ursprünglichen Gestalt erhaltene Brunnen Münchens. – Über rechteckigem Grundriß auf dreistufigem Sockel gerundetes Brunnenbecken, auf dem vier Flußgötter als Allegorien der großen bayerischen Flüsse Donau, Inn, Isar und Lech gelagert sind. An den vier Ecken, auf Postamenten stehend, Bronzefiguren von Neptun, Vulkan, Juno und Ceres als Personifikationen der vier Elemente Wasser, Feuer, Luft und Erde. Den hohen, mit wasserspeienden Delphinen geschmückten Brunnenstock krönt die überlebensgroße Bronzefigur einer Herrschergestalt, einer unbestätigten Überlieferung nach Otto von Wittelsbach, der erste bayerische Herzog aus diesem Hause († 1183), von dem der Brunnen seinen Namen hat. Errichtet wurde die Brunnenanlage von Herzog Maximilian I. in der Zeit zwischen 1609 und 1611.

29
Altes Residenztheater (Cuvilliés-Theater)

Das von François Cuvilliés d. Ä. 1751–1753 im Auftrag des Kurfürsten Max III. Joseph (1745–1777) gebaute »Neue Opera Hauß« wurde durch den intimen Zauber seiner Raumgestaltung und durch die berauschende Fülle seines erlesenen Dekors im Dreiklang von Gold, Purpur und Weiß zu einem Juwel des Rokoko. – Die wichtigsten Helfer Cuvilliés' beim Bau und bei der Ausstattung dieses Theaters waren sein gleichnamiger Sohn und Carl Albert von Lespilliez, der Hofkistler Adam Pichler, die Bildhauer Joachim Dietrich und Johann Baptist Straub, der Maler und Stukkateur Johann Baptist Zimmermann, der Faßmaler Ambrosius Hörmannstorfer. Am 9. Juli 1751 erfolgte die Grundsteinlegung, am 12. Oktober 1753 wurde es eröffnet. – Mit der im letzten Krieg aus dem Cuvilliéstheater geborgenen Ausstattung wurde das Theater 1956 bis 1958 im Apothekenstock der Residenz rekonstruiert und zur 800-Jahr-Feier der Stadt am 14. Juni 1958 wiedereröffnet.

30
Odeonsplatz

Blick von der Feldherrnhalle (gebaut 1841–1844 nach Plänen von Friedrich von Gärtner) in die Ludwigstraße. Im Vordergrund rechts einer der beiden Marmorlöwen, welche die Freitreppe der Feldherrnhalle flankieren, Werke des Bildhauers Wilhelm von Rümann aus dem Jahre 1906. Rechts außen im Bild der von Leo von Klenze im Zusammenhang mit dem Festsaalbau (1823–1842) umgestaltete Nordwesttrakt der Residenz, der von der glatten Putzwand der maximilianischen Residenz überleitet zu den klassizistischen Bauten der Ludwigstraße. Links im Bild die Einmündung der Brienner Straße, eine der nach Schlachtorten bayerischer Truppen in den Napoleonischen Kriegen benannten Münchner Straßen. Im Mittelgrund der Odeonsplatz, der den Beginn der Ludwigstraße besonders akzentuiert. – Die Öffnung der Stadt nach Norden in einer unübertrefflich großzügigen Planung ist das Verdienst des Kronprinzen Ludwig und des von ihm 1816 berufenen Architekten Leo von Klenze.

31
Hofgartentempel, Theatinerkirche

Blick über den Hofgarten nördlich der Residenz auf die Theatinerkirche. – Links im Vordergrund der Hofgartentempel mit der Bavaria des Bildhauers Hubert Gerhard.
Wie die Frauenkirche die hohe Zeit des Bürgertums, die Michaelskirche die religiöse Erneuerung nach dem Konzil von Trient, so verkörpert die Theatinerkirche das fürstlich-höfische Zeitalter des Barock mit seiner festlich prunkenden Entfaltung im kirchlich-religiösen Bereich. Sie ist das bleibende Vermächtnis einer italienischen Prinzessin, der Kurfürstin Adelheid von Savoyen, als Dank für die Geburt des Thronerben Max Emanuel. – 1663 legte man den Grundstein, am 11. Juli 1675 wurde sie eingeweiht. Die Pläne stammten von dem Architekten Agostino Barelli aus Bologna, der während des Baues von dem aus Graubünden stammenden neuen Hofbaumeister Enrico Zuccalli abgelöst wurde, dem Türme, Kuppel und das Kircheninnere ihre entscheidende Gestaltung verdanken. Die Fassade der Theatinerkirche ist das späte Meisterwerk François Cuvilliés' d. Ä. aus den Jahren 1765–1768.

Richard Strauss mit Viorica Ursuleac und Georg Hann am 27. 10. 1942 im Münchner Nationaltheater anläßlich der Generalprobe zu »Capriccio«, einem Konversationsstück für Musik, das am nächsten Tag, am 28. 10. 1942, unter der Leitung von Clemens Krauß, dem Verfasser des Librettos dieser Oper, uraufgeführt wurde. Richard Strauss zählt zu den bedeutendsten Künstlern, die München hervorgebracht hat. 1864, im gleichen Jahr, in welchem König Ludwig II. Richard Wagner nach München berief, wurde er als Sohn des Hofmusikers Franz Josef Strauss und seiner Frau Josefine aus der bekannten Brauerdynastie der Pschorr hier geboren. Er wuchs heraus aus der großen Musiktradition dieser Stadt. – Am 8. 9. 1949 ist Richard Strauss 85jährig in Garmisch gestorben. Sein großes Werk gehört zum allgemeinen kulturellen Vermächtnis, über alle Grenzen und Kontinente hinweg.

32
Richard Strauss bei der Generalprobe zu
»Capriccio« (27. 10. 1942)

Blick in den Zuschauerraum. – 1810 gab König Max I. Joseph die Order zu dem mächtigen Theaterbau mit 2400 Plätzen nach den Plänen des aus Mannheim stammenden Architekten Carl von Fischer. Am 26. Oktober 1811 legte Kronprinz Ludwig den Grundstein, am 12. Oktober 1818 wurde der Bau eröffnet. – Nach dem Brand von 1823 wurde das Theater von Klenze nach den Plänen Fischers wieder errichtet und 1825 neu eröffnet. Es blieb über alle Wandlungen der Zeit hinweg einer der Grundpfeiler im kulturellen Leben der Stadt, mit einer reichen Geschichte und vielen Höhepunkten. Allein vier Wagneropern, »Tristan und Isolde«, »Die Meistersinger von Nürnberg«, »Die Walküre« und »Das Rheingold« kamen hier zur Uraufführung. Den letzten Höhepunkt vor der Zerstörung im Krieg 1943 erlebte das Theater mit der Uraufführung von »Capriccio« des in München geborenen Richard Strauss. 1963 wurde das nach der Grundkonzeption Carl von Fischers wiederaufgebaute Theater neu eröffnet.

33
Nationaltheater

34
Richard-Strauss-Brunnen

Der Richard-Strauss-Brunnen steht auf dem architektonisch reizvollen Platz an der Neuhauser Straße, den die rechtwinkelig aufeinanderstoßenden Gebäudetrakte des ehemaligen Jesuitenkollegiums westlich der Michaelskirche bilden. Der Brunnen ist eine Schöpfung des Bildhauers Hans Wimmer. Er wurde von der Stadt mit einem Zuschuß des Staates errichtet und am 24. Juni 1962, zwei Jahre vor dem »Richard-Strauss-Jahr«, aus Anlaß des 100. Geburtstags des Komponisten enthüllt. Aus einem quadratischen, 6×6 m großen Brunnenbecken aus Brannenburger Nagelfluh und verschiedenfarbigen Bodensteinen steigt eine 6 m hohe, sich nach oben verjüngende Bronzesäule auf, die eine niedere Bronzeschale von 2 m Durchmesser trägt. Von ihr fällt ein dünner Wasserschleier in das Brunnenbecken. An der Säule sind Ausschnitte aus der Richard-Strauss-Oper »Salome« in Bildern und Texten dargestellt.

35
Stachus

Blick gegen das Rondell am Karlstor in Richtung auf die Nordzeile der Neuhauser Straße, an der die drei Giebel des Kaufhauses Oberpollinger, daneben der niedrigere Bürgersaal, das hohe lange Dach der Michaelskirche (1583–1597) und dahinter die Türme der Frauenkirche sichtbar sind. Die Anlage des Karlsplatzes oder Stachus, heute einer der verkehrsreichsten Plätze, begann 1791 mit der Niederlegung der großen Wallbastion und des Artillerielaboratoriums vor dem Neuhauser Tor auf Veranlassung Benjamin Thompsons, des späteren Grafen von Rumford, unter dem Kurfürsten Karl Theodor. 1791–1794 erfolgte der Bau der beiden Rondellflügel im Anschluß an das Tor, die 1897 von Gabriel von Seidl äußerlich wesentlich umgestaltet wurden. Der neu entstehende Platz wurde nach dem regierenden Kurfürsten amtlich Karlsplatz genannt. Populärer wurde der Name Stachus. Dieser leitet sich her von Eustachius Föderl, der auf diesem Platz eine Bierwirtschaft betrieb.

36
Michaelskirche

Die Michaelskirche gilt als der bedeutendste Sakralbau der Renaissance auf deutschem Boden. Herzog Wilhelm V., genannt der Fromme (1579–1597), erbaute sie und das anschließende Kloster-Kollegium – nach dem Escorial bei Madrid das vornehmste überhaupt – für die Jesuiten. Die Grundsteinlegung erfolgte am 18. April 1583, die Weihe unter großem Pomp am 6. Juli 1597. – Gewaltig ist die Wirkung des Innenraums mit seinem machtvollen Tonnengewölbe, das von dem der Peterskirche zu Rom nur um sechs Meter übertroffen wird. Ungehindert geht der Blick durch den über 78 m langen Raum zum Hochaltar, einer Schöpfung Wendel Dietrichs nach dem Entwurf von Friedrich Sustris. Das Hochaltarbild mit dem »Engelsturz« ist eines der Hauptwerke von Christoph Schwarz, des bedeutendsten Münchner Malers jener Zeit († 1592). – Unter dem Kirchenchor befindet sich eine der drei Münchner wittelsbachischen Fürstengrüfte, in der neben zahlreichen anderen Herzog Wilhelm V., Kurfürst Maximilian I. und König Ludwig II. begraben sind.

37
St. Michael an der Michaelskirche

Die Kolossalgruppe des hl. Michael in der Nische zwischen den von Pilastern flankierten Hauptportalen der Michaelskirche zählt in ihrer reich bewegten Komposition und lebendigen Gestaltung zu den Meisterwerken des Münchner Erzgusses der Spätrenaissance: der Erzengel, der Patron der Kirche, in graziöser Siegespose über dem in den Qualen des Todesstoßes sich windenden Teufel, dem Drachen des Unglaubens. »Triumph des Erzengels«, das Thema des Hochaltarbildes in einer plastischen Variation, das Thema auch des gewaltigen Weihespiels mit 900 Jesuitenschülern am 10. Juli 1597 vor dieser Kirche, vier Tage nach ihrer Weihe. Schöpfer dieser Gruppe aus dem Jahre 1592 war der in den Niederlanden geborene und in Italien geschulte Bildhauer Hubert Gerhard, zu dessen Werken in München die Marienfigur auf der Mariensäule, die Bavaria auf der Rotunde des Hofgartens und Figuren des Perseus- und Wittelsbacherbrunnens in der Residenz zählen.

38
Neptunbrunnen

Der Neptunbrunnen auf dem Gelände des 1809–1813 angelegten, nun schon lange in Anlagen umgewandelten Alten Botanischen Gartens zwischen Elisen- und Sophienstraße, gegenüber der Nordfront des Justizpalastes, zählt zu den eindrucksvollsten Brunnenschöpfungen Münchens. Neptun, der den Fluten entstiegene Beherrscher des Meeres, steht als Abbild elementarer Naturkraft mit geschultertem Dreizack auf einer wasserumspielten, wild bewegten, doch sehr geschlossenen Figurengruppe aus einem mächtigen, aus dem Wasser sich aufbäumenden Pferdeleib (das Pferd war dem Wassergott heilig) und aus zwei Tritonen, wasserspeienden und muschelblasenden Meerdämonen mit Fischleibern. Der Bildhauer Josef Wackerle schuf Entwurf und Gipsmodell für den Brunnen. In Stein gehauen (Kirchheimer Muschelkalk) wurde er von dem Bildhauer Josef Meinert. Die Enthüllung des Brunnens erfolgte am 19. Mai 1937. Nach schweren Beschädigungen im Zweiten Weltkrieg wurde er von den genannten Künstlern bis 1951 wiederhergestellt.

39
Wittelsbacherbrunnen

Der Wittelsbacherbrunnen gilt als die großartigste Brunnenanlage Münchens. Er trug wesentlich dazu bei, Münchens Ruf als Stadt schöner Brunnen zu begründen, und bildet einen architektonisch vollendeten monumentalen Abschluß der Anlagen des Maximiliansplatzes. – Über zwei verschieden große Brunnenschalen auf einem mit Reliefmasken geschmückten Schaft fällt das Wasser in ein zweites Brunnenbecken, das auf der einen Seite von einem Wasserroß mit einem steinschleudernden Reiter als Symbol der zerstörenden Kraft des Wassers, auf der anderen Seite von einem Wasserstier mit einer schalentragenden Frauengestalt als Symbol der wohltätigen Kraft des Wassers flankiert wird. Der Brunnen wurde errichtet von der Stadtgemeinde München zur Erinnerung an die Vollendung der städtischen Wasserversorgung aus dem Mangfalltale. – Schöpfer des Wittelsbacherbrunnens ist der große Bildhauer Adolf von Hildebrand (* 1847 in Marburg, † 1921 in München).

40
Schloß Nymphenburg

Kurfürst Ferdinand Maria (1651–1679) erwarb 1663 für 10000 Gulden die knapp zwei Wegstunden von München entfernt liegende Hofmark Kemnaten und machte sie seiner Gemahlin Adelheid von Savoyen zur Geburt des lang ersehnten Thronerben, des späteren Kurfürsten Max Emanuel, zum Geschenk. Die Kurfürstin errichtete darauf durch den Architekten Agostino Barelli aus Bologna von 1664 an ein kleines Lustschloß, »maison de plaisance«, einen schlichten Palazzo im Stil einer römischen Villa suburbana mit einem italienischen Barockgarten, und nannte es unter dem Einfluß der Nymphen- und Schäferromantik jener Zeit »borgo delle ninfe«, Nymphenburg. Kurfürst Max Emanuel (1679–1726), erfüllt von hochfliegenden Großmachtplänen, schuf aus Nymphenburg eine der weitläufigsten Schloßanlagen, eine Sommerresidenz, streng symmetrisch um den Mitteltrakt gruppiert und in weitem Umgriff einen großen Ehrenhof umschließend. Enrico Zuccalli, Giovanni Antonio Viscardi und Joseph Effner waren die Baumeister.

41
Schloß Nymphenburg, Deckengemälde
im Steinernen Saal (Ausschnitt)

Ausschnitt aus dem großen Deckengemälde im Hauptsaal des Nymphenburger Schlosses: Nymphen huldigen der Göttin Flora. Diese Szene, die erste im Blickfeld des Eintretenden, ist ein Hinweis auf den Namen der ganzen Schloßanlage: »borgo delle ninfe«, Nymphenburg. 1755–1757 ließ Kurfürst Max III. Joseph den großen Mittelsaal durch den Freskomaler und Stukkateur Johann Baptist Zimmermann, den Bruder des Erbauers der Wieskirche, im Stil des ausgereiften bayerischen Rokokos neu gestalten und, da er ein besonderer Liebhaber der Musik war, nach der Gartenseite eine Musikempore einbauen. Die Hauptzierde des Festsaales wurde das Deckenfresko, das in einer wogenden Stuckumrahmung außer der hier abgebildeten Szene Pallas Athene als Göttin der Künste und Wissenschaften mit musizierenden Musen, Venus, die Lieblingsgöttin des Rokokos, die Jagdgöttin Diana und darüber die übrigen olympischen Götter zeigt.

42
Amalienburg

Blick aus dem Jagdzimmer in den Spiegelsaal. – 1734 erhielt der Hofbaumeister François Cuvilliés d. Ä. von Kurfürst Karl Albrecht (1726–1745) den Auftrag zum Bau eines »Neuen Lusthauses«, eines Jagdschlößchens im Südostteil des Schloßparks. Das 1739 vollendete Schlößchen erhielt den Namen Amalienburg nach der Gemahlin des Kurfürsten, Amalia Maria, Tochter Kaiser Josephs I. In dem von Cuvilliés über einem einfachen, ganz geschlossenen, aber elegant-geschmeidigen Grundriß errichteten eingeschossigen Bau erreichten der Meister und seine Helfer, der Schnitzer Joachim Dietrich, der Stukkateur Johann Baptist Zimmermann und der Maler Joseph Pasqualini Moretti, höchste Vollendung des Rokokostiles. An den beherrschenden Mittel- oder Spiegelsaal mit dem reichsten Dekor (Stuckdekor und Skulpturen: Nymphen, Putten, Fabelwesen und Jagdsymbole) reihen sich symmetrisch die Nebenräume, das Schlafzimmer auf der einen, das Jagdzimmer auf der anderen Seite, das »Blaue Cabinett« und das »indianische«, auch Fasanenzimmer genannt, die Hundekammer und die Küche. Eine graziöse Gruppe der Jagdgöttin Diana über dem Hauptportal kennzeichnet den Bau als Jagdschlößchen wie auch die über dem Mittelsaal angebrachte, umgitterte freie Plattform, von der aus auf Fasanen geschossen wurde.

43
Schloßpark Nymphenburg

Blick von der rückwärtigen Freitreppe des Schlosses auf das große Gartenparterre mit Fontäne und auf den Hauptkanal. An den von Blumenrabatten eingesäumten Rasenflächen Vasen und Götterstatuen in Sterzinger Marmor aus dem letzten Drittel des 18. Jahrhunderts von den Bildhauern J. Marchori, R. A. Boos, D. Auliczek, J. B. Straub. – Die früheste Anlage des Nymphenburger Schloßgartens, der heute an die 200 ha umfaßt, war, wie der erste Schloßbau selbst, bescheiden: gleichförmige, geometrische Blumenbeete um runde Wasserbassins gruppiert. Kurfürst Max Emanuel (1679 bis 1726) schuf durch bei Lenôtre geschulte Gartenarchitekten und Fontainiers (Charles Carbonet, Dominique Girard, Joseph Effner) einen Schloßpark im französischen Barockstil nach dem großen Vorbild von Versailles. – 1804 begann die Umwandlung dieses Barockgartens mit dem »steifen Prunk seiner Alleen und beschnittenen Spaliere« in einen Landschaftsgarten durch den Gartenarchitekten Friedrich Ludwig Sckell.

44
Schloß Schleißheim,
Gemälde von Amigoni

Das Gemälde über dem großen Kamin im Viktoriensaal zeigt, wie Kurfürst Max Emanuel im Heerlager vor Belgrad (1688) eine türkische Gesandtschaft empfängt. Der Bildrahmen geht auf einen Entwurf von Wilhelm de Groff zurück. – Jacopo Amigoni, Maler und Kupferstecher, geboren 1675 zu Venedig, gestorben 1752 zu Madrid, stand längere Zeit im Dienst des Kurfürsten Max Emanuel und hat außer dem abgebildeten Gemälde in den Jahren 1717 bis 1725 in Nymphenburg und Schleißheim vor allem eine Reihe von Deckengemälden, meist mit Themen aus der antiken Mythologie und aus dem trojanischen Sagenkreis, ausgeführt. – Der Viktoriensaal im Schleißheimer Schloß hat seinen Namen von den 10 großen Historienbildern des Hofmalers Joachim Franz Beich, welche die Taten und Feldzüge Max Emanuels in den Türkenkriegen, angefangen von der Eroberung der Festung Gran (1683) bis zur Erstürmung von Belgrad (1688), darstellen und verherrlichen.

45
Schloß Schleißheim

Kurfürst Max Emanuel (1679–1726), der ruhmgekrönte Feldherr der Türkenkriege, war von Anfang an erfüllt von hochfliegenden politischen Plänen. Die Großmachtträume des kunstbegeisterten Kurfürsten schlugen sich sehr früh nieder im Plan einer gewaltigen Schloßanlage zu Schleißheim. Die Pläne entwarf der leitende Hofarchitekt Enrico Zuccalli. 1701, inmitten der Kriegsrüstungen für den Spanischen Erbfolgekrieg, wurde der Grundstein gelegt, 1704 war der Rohbau fertiggestellt, 1715 begann der Ausbau des Schlosses Schleißheim unter der Leitung des neuen, in Frankreich geschulten Hofbaumeisters Joseph Effner. Der Maler und Stukkateur Nikolaus Gottfried Stuber, der Stukkateur Charles Dubut, der bedeutende Bildhauer Wilhelm de Groff, der Maler Johann Baptist Zimmermann, der Maler-Architekt Cosmas Damian Asam, der Schneidkistler Adam Pichler, die Maler Franz Joachim Beich und Jacopo Amigoni waren an der Ausgestaltung beteiligt.

46
Lenbachvilla

Blick auf die Gartenfront der Lenbachvilla an der Luisenstraße, links der ehemalige Atelierbau, im Vordergrund des Gartenparterres ein von Wasserpferden getragener Brunnen mit drei Schalen, von einem Putto bekrönt. – Franz von Lenbach, der bekannteste der Münchner »Malerfürsten« der Jahrhundertwende, erbaute sich in den Jahren 1887–1891 durch seinen Freund, den Architekten Gabriel von Seidl, unmittelbar außerhalb der Propyläen ein Atelierhaus und einen prunkvoll ausgestatteten Palazzo im Stil der italienischen Renaissance. Hier »residierte« Lenbach bis zu seinem Tod im Jahre 1904. – 1924 erwarb die Stadt dieses Gebäude. Eine ansehnliche Sammlung von Lenbachs Werken, die »Lenbach-Galerie«, kam gleichzeitig als Stiftung der Frau von Lenbach in den Besitz der Stadt. Im 1929 parallel zum einstigen Atelier eingerichteten Ausstellungsbau befindet sich die Städtische Galerie, bekannt durch ihren Bestand an früher abstrakter Malerei (Kandinsky).

47
Alte Pinakothek

Die Alte Pinakothek mit ihren Bilderschätzen vom 14. bis zum Ende des 18. Jahrhunderts zählt zu den Gemäldegalerien von Weltgeltung wie der Louvre in Paris oder der Prado in Madrid. Ihre Rubens- und Dürersammlung sind die bedeutendsten der Welt. Entstehung und kunstgeschichtlichen Rang verdankt die Alte Pinakothek dem Herrscherhaus der Wittelsbacher. – Wilhelm IV. (1508–1550) legte den Grund, Maximilian I. (1597–1651) und Max Emanuel (1679–1726) waren ebenso leidenschaftliche und erfolgreiche Sammler (Dürer, Rubens) wie im 19. Jahrhundert König Ludwig I. (1825–1848). Die vom Kurfürsten Karl Theodor 1779 bis 1783 an den Hofgartenarkaden erbaute erste öffentliche Münchner Gemäldegalerie wurde zu klein, doch der geplante Neubau verzögerte sich bis zum Regierungsantritt Ludwigs I. Am 7. April 1826, am Geburtstag Raffaels, wurde der Grundstein gelegt, am 16. Oktober 1836 konnte die von Klenze im Stil der venezianischen Hochrenaissance gestaltete Alte Pinakothek eröffnet werden.

48
Glyptothek

Als ersten Bau seines großen Forums im Stil der Antike errichtete König Ludwig I. am Königsplatz in den Jahren 1816–1830 durch den Architekten Leo von Klenze die Glyptothek, um die wertvolle Sammlung antiker Marmorskulpturen aufzunehmen, die der König schon als Kronprinz gesammelt hatte. Die bedeutendsten Erwerbungen waren die Giebelfiguren am Aphaia-Tempel von der Insel Ägina, die »Ägineten« (1812), und Teile der Sammlung Albani aus Paris (1815). Diese klassischen Bildwerke erhielten durch Klenze ein kunstvolles Gebäude, das griechische Formen außen und den römischen Gewölbebau im Innern in seltener Ausgewogenheit vereinte. Die Glyptothek bildet ein um einen Lichthof angeordnetes Quadrat mit drei nach außen fensterlosen Seiten und einer herausragenden Giebelfront im ionischen Stil. Die Giebelskulpturen, ausgeführt von Ernst von Bandel, Francesco Sanguinetti und Ludwig Schwanthaler nach Entwürfen von Martin Wagner, zeigen Minerva als Beschützerin der plastischen Künste.

49
Antikensammlungen

Das Museum der Staatlichen Antikensammlungen wurde am 21. April 1967 in dem von Georg Friedrich Ziebland 1838–1848 im Auftrag König Ludwigs I. am Königsplatz gegenüber der Glyptothek erbauten Kunst- und Industrieausstellungsgebäude neu eröffnet. 1962–1966 wurden die im Krieg zerstörten Innenräume nach dem Entwurf von Johannes Ludwig zur Aufnahme der Staatlichen Antikensammlungen völlig neu gestaltet. Das Kernstück der Antikensammlungen bilden die Werke griechischer, vor allem attischer Töpferkunst aus sieben Jahrhunderten: reichbemalte Schalen, Amphoren, Kannen, Hydrien (Wasserkrüge), Krateren (Mischgefäße für Wein), Salbflaschen usw. Diese Sammlung geht im wesentlichen auf König Ludwig I. zurück und zählt zu den wertvollsten, die es überhaupt gibt. – In der Vitrine auf unserem Bild die berühmte Augenschale des Exekias mit dem über das Meer segelnden Dionysos (um 530 v. Chr.). In der hinteren Vitrine attische Wasserkrüge.

50
Schwabing, Leopoldstraße

Schon 1827 faßte König Ludwig I. den Plan, die Ludwigstraße in gerader Richtung bis zum »Großen Wirt« in Schwabing, wo sich die Straße nach Nürnberg und Regensburg gabelte, zu verlängern. Im Gegensatz zu dem geschlossenen, monumentalen Straßenraum der Ludwigstraße sollte deren Verlängerung in offener Bauweise mit pavillonartig in Gärten aufgeführten Häusern zum Lande überleiten. München war damals schon hinter der »Letzten Straße«, der späteren Adalbertstraße, zu Ende; sein Burgfrieden reichte in den Bereich des heutigen Schwabing, das mit dem alten, beschaulichen Dorf von damals nur noch den Namen gemein hat. 1890 wurde Schwabing, seit 1887 Stadt, in München eingemeindet. Die Leopoldstraße hieß bis 1890 Schwabinger Landstraße. Als solche träumte sie noch kaum von ihrer künftigen Rolle als »Boulevard Leopold« mit seinem pulsierenden Leben, den Straßencafés und seinem offenen Kunstmarkt.

51
Universitätsbrunnen und Ludwigskirche

Nordteil der Ludwigstraße, mit Staatsbibliothek, Wohnhaus Friedrich Gärtners, Ludwigskirche, Pfarrhof St. Ludwig und Georgianum auf der linken (Ostseite), Universität und Universitätsbrunnen auf der rechten (West-)Seite der Straße. – Die Ludwigstraße, in ihrer schlichten, verhaltenen Monumentalität eine der schönsten Straßenfluchten im europäischen Bereich, verdankt ihre Entstehung König Ludwig I. Sie ist das Werk zweier großer Architekten, des Klassizisten Leo von Klenze (1784–1864), der den südlichen Teil schuf, und Friedrich von Gärtners (1782–1847), der ihren Nordteil errichtete. – Zwischen der Universität auf der einen, dem Max-Joseph-Stift und Georgianum auf der anderen Seite, erweiterte Gärtner die Ludwigstraße zu einem Forum mit zwei korrespondierenden, knapp hinter der Straßenflucht liegenden schönen Brunnen, die 1840–1844 nach Gärtners Plänen ausgeführt wurden.

52
Maximilianeum

Das Maximilianeum, benannt nach seinem königlichen Bauherrn Maximilian II. (1848–1864), wurde errichtet auf dem östlichen Steilufer der Isar als krönender, monumentaler Abschluß, als »Akropole« über der von diesem König angelegten Prachtstraße, der Maximilianstraße, die von 1853 an, ausgehend vom Max-Joseph-Platz, einen bis dahin abgelegenen Stadtteil großzügiger urbaner Bebauung erschloß. – Entworfen wurde der Bau von Friedrich Bürklein, dem bevorzugten Architekten Maximilians II., im sogenannten »Maximiliansstil«, einem eklektischen Mischstil unter Prädominanz gotischer Formelemente. Die Grundsteinlegung erfolgte am 6. Oktober 1857, Fundierungsschwierigkeiten und der Tod des Königs 1864 verzögerten die Vollendung bis in das Jahr 1874. Seit Januar 1949 ist das Maximilianeum Sitz des Bayerischen Landtags.

53
Friedensengel

Das Friedensdenkmal mit dem Friedensengel auf dem östlichen Hochufer der Isar wurde zur 25. Wiederkehr des Friedensschlusses nach dem Deutsch-Französischen Krieg von 1870/71 von der Stadt München als monumentaler Abschluß der damals im Bau befindlichen Prinzregentenstraße gestiftet. Die Grundsteinlegung erfolgte 1896, die Enthüllung am 16. Juli 1899. Entwurf und Ausführung lagen in den Händen der Bildhauer Heinrich Düll, Georg Pezold und Max Heilmeier. Aus einer reich geschmückten, quadratischen Karyatidenhalle, zu der zwei Freitreppen führen, steigt eine 22,9 m hohe korinthische Steinsäule auf, gekrönt von der 6 m hohen Gestalt des Engels aus vergoldeter Bronze, der in der linken Hand eine Nike als Symbol des Sieges, in der rechten die Palme des Friedens trägt.

54
Blick vom Turm des Deutschen Museums

Isarlauf mit der Ludwigsbrücke im Mittelgrund, links die Gebäudegruppe des Deutschen Patentamts, rechts der Nordteil des Deutschen Museums mit der Westkuppel des Sammlungsbaues, in der sich ein Zeiss-Reflektor zur Beobachtung der Gestirne befindet, dahinter der Bibliotheks- und Kongreßsaalbau dieses Museums. Das Deutsche Museum wurde 1903 von dem großen Pionier und Organisator moderner Technik, Oskar von Miller, gegründet. Es sollte den Einfluß der wissenschaftlichen Forschung auf die Technik und die geschichtliche Entwicklung der verschiedenen Zweige der Industrie an typischen Beispielen veranschaulichen. – Am 12. November 1906 legte Kaiser Wilhelm II. den Grundstein zum Bau des Deutschen Museums auf der Kohleninsel. Die Eröffnung des nach Plänen Gabriel von Seidls errichteten Museums war im Jahre 1925.

55
Atomei in Garching

Atomforschungsreaktor des Laboratoriums für Technische Physik der Technischen Hochschule nahe der Isar bei Garching nördlich Münchens. Er wird wegen seiner eigentümlichen, einem halbierten Ei ähnlichen, weithin sichtbaren Gestalt im Volksmund gewöhnlich »Atomei« genannt. Die 20 m hohe Kuppel aus einer nur 10 cm dicken, fensterlosen, mit Aluminium verkleideten Betonschale mit einem kreisrunden Grundriß von 30 m Durchmesser birgt den ersten in Deutschland installierten Kernreaktor, der probeweise erstmals am 31. Oktober 1957 in Betrieb genommen wurde. Der Bau dieses (aus den Vereinigten Staaten stammenden) Reaktors für kernphysikalische Forschungen bildete den Auftakt für die Planung und Errichtung eines großen, vor allem physikalischen Forschungszentrums auf einem etwa 450 ha großen Gelände der Garchinger Flur, in das sich die Universität, die Technische Hochschule und die Max-Planck-Gesellschaft zur Förderung der Wissenschaften mit ihren Instituten teilen werden.

56
Cosimapark in Bogenhausen

Die Großraumsiedlung Cosimapark wurde 1963–1968 von der Münchner Grundbesitzverwaltungsgesellschaft nach schwedischem Vorbild im Nordosten von München, Oberföhring zu, zwischen der Englschalkinger-, Cosima- und Beckmesserstraße errichtet: 1550 Wohnungen in acht- bis 18stöckigen Wohngebäuden und flachen Atriumhäusern, auch mit einem Privatkrankenhaus. Das explosive Wachstum Münchens seit 1950, das bis in die Gegenwart unvermindert anhält und bis Mitte 1969 einen Bevölkerungszuwachs von nahezu einer halben Million erbrachte (1 300 000), führte zu zahlreichen Großraumsiedlungen rings um die Stadt. – Nicht mehr in geschlossenen Straßenquartieren wie im vergangenen Jahrhundert, auch nicht mehr in weitläufigen Villenvierteln und -vororten wie nach 1900 etwa, sondern in locker gegliederten, stark durchgrünten Ballungsräumen mit dominierenden Wohnhochhäusern suchen sich die städtebaulichen Vorstellungen der Gegenwart zu verwirklichen.

57
Dantebad mit Olympiaturm

Das Bad wurde 1912/13 als Männer- und Knabenschwimmbad an dem von Nymphenburg nach Biederstein führenden Würmkanal errichtet. 1920/21 hat man es erweitert und mit einem großen Frauen- und Mädchenbad verbunden. Das Dantebad galt damals als eines der schönsten und größten Freibäder Deutschlands. 1927/28 wurde es erneut vergrößert und zum Familienbad umgestaltet. Südlich der 1926/27 errichteten Sportanlage (Dantestadion) entstand 1928/29 nach den Plänen von Fritz Beblo und Karl Meitinger ein Schwimmstadion mit einem 50 m langen und 22 m breiten Schwimmbecken und einem Sprungbassin von 22 m² mit einem Zehn-Meter-Sprungturm. Nach dem Zweiten Weltkrieg wurde das Dantebad völlig neu gestaltet. Besonderer Beliebtheit erfreut sich das Dantebad seiner Warmwasserbecken wegen, die den ganzen Winter über geöffnet sind.

58
Englischer Garten

Auf Anregung des 1784 in bayerische Dienste getretenen amerikanischen Offiziers, Naturwissenschaftlers, aufgeklärten Sozialreformers und Philanthropen Benjamin Thompson, des späteren Grafen von Rumford, ließ Kurfürst Karl Theodor (1777–1799) von 1789 an in dem nordöstlich der Residenz und außerhalb der Stadtumwallung zwischen Isar und Schwabinger Bach gelegenen Auengebiet, Hirschau genannt, einen Landschafts- und Naturpark in dem neuaufgekommenen Stil der englischen Gärten, der den geometrisch strengen französischen Gartenstil ablöste, anlegen. Im Geiste des aufgeklärten fürstlichen Absolutismus schuf Karl Theodor damals bewußt keinen neuen »Hof«-Garten, sondern einen für jedermann zugänglichen Volkspark. Den Grundplan für die Gestaltung des neuen Parks lieferte der kurpfälzische Landschaftsgärtner Friedrich Ludwig Sckell († 1823), der seit 1804 die abschließende Planung des Englischen Gartens alleinverantwortlich übertragen erhielt.

59
Monopteros im Englischen Garten

Kleiner, offener Rundtempel von klassischer Schönheit auf einem künstlich aufgeschütteten Hügel im Englischen Garten. Zehn ionische Säulen auf einem Unterbau von drei Stufen tragen eine von einem Pinienzapfen gekrönte Flachkuppel. Die Inschrift auf der Gedenksäule in der Tempelmitte verkündet, König Ludwig I. (1825–1848) habe dieses Denkmal dem Kurfürsten Karl Theodor (1777–1799) als Gründer und König Maximilian I. (1799–1825) als Erweiterer und Verschönerer des Englischen Gartens im Jahre 1837 erbauen lassen. Schöpfer des Monopteros, der den krönenden Abschluß bildete in der Ausgestaltung des Englischen Gartens, war Leo von Klenze (1784–1864), der große Baumeister des klassizistischen Münchens. – Der schöne Blick vom Monopteroshügel auf die türmereiche Stadtsilhouette ist nicht nur für romantisch gestimmte Gemüter von starker Anziehungskraft.

60
Kleinhesseloher See im Englischen Garten

Aus einem von dem ersten Parkwächter des Englischen Gartens, Joseph Tax, beim Wachhaus am damaligen Nordende des Parks betriebenen Bierausschank entwickelte sich rasch eine gesuchte Einkehr, ein Ausflugs- und Vergnügungsort. Korrespondierend zu dem alten, beliebten Ausflugsziel Großhesselohe nahe Pullach über der Isar bürgerte sich für den neuen Vergnügungsplatz im Englischen Garten bald der Name Kleinhesselohe ein. Die Anlage eines Sees bei diesem Kleinhesselohe erfolgte von 1797 an durch Reinhard Freiherrn von Werneck, den Nachfolger Rumfords in der Oberleitung des Englischen Gartens. Dieser See wurde 1812 durch Friedrich Ludwig Sckell um das Eineinhalbfache seiner ursprünglichen Fläche auf etwa 8 ha vergrößert. Drei künstliche Inseln, die größere Königs- und die kleinere Kurfürsten- und Prinzregenteninsel, beleben den See. Eine alte Tradition bilden die Kahnfahrten im Sommer, Eislauf und Eisstockschießen im Winter.

61
Chinesischer Turm im Englischen Garten

Der fünfgeschossige Aussichts- und Musikpavillon aus Holz, mit Lärchenschindeln gedeckt, ist eine geglückte, wenn auch ein wenig skurrile Mischung von bayerischer Behäbigkeit und exotischer Form. Gesamthöhe 28,10 m. Als »Chinesische Pagode« oder »Chinesischer Tempel« geplant von dem aus Mannheim stammenden Ingenieuroffizier und späteren Vorstand des Münchner »Hofkriegsratsbauamts«, Joseph Frey, und erbaut 1789/90 – vermutlich auf Anregung des Grafen Rumford, des Initiators des Englischen Gartens – nach dem Vorbild einer Steinpagode des Gartenarchitekten William Chambers im kgl. Schloßpark zu Kew in England, ist er ein spätes Denkmal der Exotikschwärmerei des 18. Jahrhunderts und neben dem Monopteros das Hauptwahrzeichen des Englischen Gartens. Mit dem dazugehörigen »Chinesischen« Wirtshaus, das ebenfalls in die Entstehungszeit des Englischen Gartens zurückgeht, blieb der Chinesische Turm über alle Wandlungen der Zeit hinweg ein beliebter, von Künstlern häufig abgebildeter Schauplatz geselligen Münchner Lebens aller Stände.

62
Botanischer Garten

Blick vom Schmuckhof des Botanischen Gartens auf den Gartenpavillon mit Erfrischungsraum. – Der neue Botanische Garten wurde 1909–1914 unter der Leitung des Botanikers Professor Karl von Goebel nördlich des Schloßparks von Nymphenburg auf einer Fläche von 18,7 ha errichtet. Der neue Botanische Garten sollte der Forschung dienen, darüber hinaus aber der Öffentlichkeit die Schönheit und Mannigfaltigkeit der europäischen und außereuropäischen Pflanzenwelt vor Augen führen. Mit seinen verschiedenen Abteilungen, angefangen vom »Schmuckhof«, dem Ziergarten südlich des Institutsgebäudes als Herzstück der ganzen Anlage, dem Alpinum und dem Rhododendronhain über eine Teichanlage, die Abteilung für Medizin- und Giftpflanzen, das Arboretum, wo Bäume und Sträucher nach Familien und Gattungen geordnet sind, bis zu den Gewächshäusern, bildet der Botanische Garten zu jeder Jahreszeit eine der großen Sehenswürdigkeiten der Stadt.

63
Tierpark Hellabrunn

1905 bildete sich in München ein »Verein zur Errichtung eines Zoologischen Gartens«, dem die Stadt 1906 ein 87 Tagwerk großes, landschaftlich schön gelegenes Areal bei der ehemaligen Viehschwaige Hellabrunn zwischen der Isar und dem Harlachinger Berg auf sechzig Jahre unentgeltlich zur Verfügung stellte. Am 1. August 1911 konnte dieser Verein seinen Tierpark, den Emanuel von Seidl architektonisch-künstlerisch gestaltete, eröffnen. 1922 mußte er wieder geschlossen werden, nach weiteren sechs Jahren gelang der Initiative der Bürger erneut und endgültig die Gründung eines Zoologischen Gartens. Am 23. März 1928 wurde er auf dem früheren, etwas vergrößerten Gelände von Hellabrunn wieder eröffnet. Planung und Anlage dieses Tierparks lagen von Anfang an in den Händen von Heinz Heck.
Heute (1969) besitzt der Tierpark über 7000 Tiere in 692 Arten. Als Erholungs- und Bildungsstätte für rund 1,5 Millionen Besucher im Jahr ist der Tierpark längst zu einem Volkspark geworden.

64
Oktoberfest, Brezlstand

Das Münchner Oktoberfest nahm seinen Anfang am 17. Oktober 1810 mit einem Pferderennen, das die Kavallerie der Nationalgarde (= Bürgerwehr) während der Hochzeitsfeierlichkeiten des Kronprinzen Ludwig mit Therese von Sachsen-Hildburghausen auf der großen Wiese unterhalb des Sendlinger Oberfelds abhielt. Im gleichen Jahr noch wurde die Wiese mit der Pferderennbahn der Kronprinzessin zu Ehren »Theresienwiese« benannt und beschlossen, das Pferderennen jährlich zu wiederholen. Schon vom nächsten Jahr, von 1811 an, verband sich mit dem Rennen als ständige Einrichtung das Zentrallandwirtschaftsfest des 1810 gegründeten Landwirtschaftlichen Vereins in Bayern. Sehr bald stellten sich auch Bierbuden, Volksbelustigungen und die Schützen ein, die 1816 das erste Oktoberfestschießen, ein Scheiben- und Vogelschießen, veranstalteten.

65
Oktoberfest, Bierzelt

Das weltberühmte Münchner Volks- und bayerische Nationalfest, das bisher 134mal stattgefunden hat, nimmt seinen offiziellen Anfang, wenn am ersten Oktoberfest-Samstag unmittelbar nach dem Einzug der Wiesenwirte der Oberbürgermeister der Landeshauptstadt in einem der Dutzend riesigen Bierzelte, angetan mit der grünen Schenkkellnerschürze, unter zwölf weithin hallenden Böllerschüssen den ersten »Banzen« ansticht und der bajuwarische Ruf ertönt: »O'zapft is«. Die Bierbuden sind die tragenden Säulen des Festes und meist bis zum Bersten gefüllt. Weil das Bier in Bayern immer noch das »Fünfte Element« ist, wird auch schon um jeden Verdacht einer Erhöhung des Wiesenbierpreises als ein Politikum von hoher Brisanz erbittert gerungen. Die Statistik verzeichnet als bisherige Rekorde die Leerung von 3 917 700 Maßkrügen im Jahre 1967 und den Verzehr von etwa 390 000 Hendln 1966.

66
Oktoberfest, Blick zur Paulskirche

Große Menschenmassen, alt und jung, Einheimische aus Stadt und Land sowie Fremde aus aller Welt, strömen alljährlich zur Zeit des Oktoberfestes auf die »Wiesn«. Wehende Fahnen, Luftballons und Geisterbahnen, Bierzelte mit Musikkapellen, Schaubuden, Achterbahnen und Riesenräder, dazu Drehorgelklang und der Geruch von Brathühnern, Steckerlfischen und gebrannten Mandeln, das alles gehört zum rauschenden Fest. Am Nordrand der Theresienwiese steht die 1906 fertiggestellte Paulskirche. Architekt war Professor Georg Hauberisser, der auch das Neue Rathaus schuf. Der Hauptturm erhebt sich über dem Chorgewölbe und ist über der Kuppel mit einer Laterne gekrönt. Die Höhe des Turms beträgt 76 m. Die Westfassade der dreischiffigen Basilika ist von zwei kleineren Türmen flankiert.

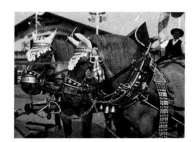

67
Festgespann

Zum Beginn des Oktoberfestes findet der Einzug der »Wiesnwirte« statt. Alle Brauereien beteiligen sich daran mit ihren prächtigen Bierwagen. Diese Pferdegespanne, Vierer- oder sogar Sechserzüge in blanken, blitzenden Geschirren und neuem Lederzeug an blumengeschmückten Wagen mit Paradefässern, sind vielbestaunte Attraktionen des Festes. Stets, wenn die Bierführer, festlich gekleidet mit weißem Hemd, Samtweste, schwarzer Lederhose und breitrandigem Hut, die Gespanne in der Hauptstraße – der Wirtsbudenstraße – vorfahren, sind sie gleich von Schaulustigen umringt.

68
Blick auf die Stadt

Peterskirche, Frauenkirche und Turm des Neuen Rathauses bei nächtlicher Beleuchtung, am Rande links die Fassade der Michaelskirche. Jeder dieser Bauten verkörpert eine Epoche der Münchner Stadtgeschichte: die Peterskirche reicht als älteste Pfarrkirche Münchens zurück bis an die Wurzel der Stadt, die kirchlichen Ursprungs ist (München = bei den Mönchen), die Frauenkirche ist das Werk des mittelalterlichen Bürgertums in der Zeit seiner größten wirtschaftlichen und politischen Entfaltung. St. Michael ist die architektonische Machtgebärde der vom Hof getragenen siegreichen Gegenreformation im bayerischen Raum, und das Neue Rathaus verkörpert das neue Großbürgertum seit der zweiten Hälfte des 19. Jahrhunderts, das sich selbstbewußt und anspruchsvoll in der Stadtkrone zur Geltung brachte. Rechts neben dem Rathausturm der Turm der Heiliggeistkirche.